야고보서(James) —

C.C.C. 리더십 성경연구 시리즈 【신약】

하늘로부터 오는 지혜를 구하며 살라

박 성 민

순출판사
C.C.C./한국대학생선교회

:: contents ::

일반서신을 위한 서론

'일반서신(General Epistles)'이라는 명칭의 유래와 그 범위

신약에서 13개의 바울 서신을 제외한 나머지 서신들을 '일반 서신'이라고 부른다. '일반'이라는 수식어가 이 서신들 앞에 붙여진 배경은 단순하다. 바울 서신들과는 달리 이 서신들의 수신자들이 상대적으로 불명확하다는 공통점이 누구에게나 해당한다는 뜻의 '일반'이라는 이름을 이 서신들 앞에 붙인 이유다.

신약에 포함되어 있는 서신들 중에서 13개의 바울 서신을 뺀 서신은 모두 여덟 개다(히브리서, 야고보서, 베드로전서, 베드로후서, 요한일서, 요한이서, 요한삼서, 유다서). 그 중에서 히브리서(수신자에 대한 언급이 생략됨), 베드로후서("예수 그리스도의 종과 사도인 시몬 베드로는 우리 하나님과 구주 예수 그리스도의 의를 힘입어 동일하게 보배로운 믿음을 우리와 같이 받은 자들에게 편지하노니", 1:1), 요한일서(수신자에 대한 언급이 생략됨), 유다서("예수 그리스도의 종이요 야고보의 형제인 유다는 부르심을 입은 자 곧 하나님 아버지 안에서 사랑을 얻고 예수 그리스도를 위하여 지키심을 입은 자들에게 편지하노라", 1:1)는 그 편지를 받는 대상(수신자)들이 불확실하고, 야고보서("하나님과 주 예수 그리스도의 종 야고보는 흩어져 있는 열두 지파에게 문안하노라", 1:1)와 베드로전서("예수 그리스도의 사도 베드로는 본도, 갈라디아, 갑바도기아, 아시아와 비두니아에 흩어진 나그네 곧 하나님 아버지의 미리 아심을 따라 성령의 거룩하게 하심으로 순종함과 예수 그리스도의 피 뿌

림을 얻기 위하여 택하심을 입은 자들에게 편지하노니…", 1:1~2)는 그 편지의 수신 대상이 아주 광범위하다는 특징이 있으며, 요한이서("장로는 택하심을 입은 부녀와 그의 자녀에게 편지하노니…", 1:1)와 요한삼서("장로는 사랑하는 가이오 곧 나의 참으로 사랑하는 자에게 편지하노라", 1:1)는 수신자가 정도의 차이는 있으나 약간 모호하다고 할 수 있다.

따라서 수신자가 불명확하거나, 또는 불특정 다수인 점을 감안해 여러 사람들을 지칭하는 용어인 '일반'이라는 말을 이 서신들 앞에 붙인 것이다. 영어로는 general이라는 단어, 또는 catholic(소문자 c, 대문자 C가 되었을 때는 로마 가톨릭을 의미)이라는 단어를 붙여 이 서신들을 분류한다.

일반서신들은—히브리서(대상의 이름)나, 요한이·삼서 같은 경우는 예외라고 할 수 있으나—대상이 불분명하기 때문에 수신자나 수신 지역의 교회 이름 대신 저자의 이름을 서신 앞에 넣어 부르는 것이(야고보서, 베드로전서, 베드로후서, 요한일서, 유다서 등) 그 특징이라고 할 수 있다(사도 바울의 서신들에게는 로마서, 또는 빌레몬서 등 수신자의 이름이 붙어 있다는 사실과 대조가 된다). 대부분 히브리서는(분량이 많고 다룰 내용이 많아 히브리서 자체로 다루어지는 것이 좋음) 따로 떼어 일반서신과 구분하여 취급하곤 하나 히브리서 또한 수신 대상이 불명확하다는 의미에서는 일반서신으로 볼 수 있다. 이 책에서는 편의상 히브리서를 뺀 7개의 서신만을 일반서신이라는 틀 속에 함께 다루고자 한다.

야고보서

서 론

1. 장르 및 특징

일반적인 서신서의 형식은 서두에 문안 인사가 있으며 끝부분에 다시 마지막 인사가 나온다는 점이다. 이러한 일반적 서신의 형태를 염두에 두고 야고보서를 볼 때 '과연 이 책이 서신서인가?' 라는 의문이 생길 수 있다. 왜냐하면 책의 서두에는 인사가 나오지만("하나님과 주 예수 그리스도의 종 야고보는 흩어져 있는 열두 지파에게 문안하노라", 1:1) 책의 끝부분에는 인사가 생략되어 있기 때문이다("너희가 알 것은 죄인을 미혹한 길에서 돌아서게 하는 자가 그 영혼을 사망에서 구원하며 허다한 죄를 덮을 것이니라", 5:20).

이 같은 형식적인 파격 외에도 내용상으로도 전형적 서신이라는 인상보다는 목회자가 보낸 '설교' (homily) 같은 느낌이 더욱 자연스럽게 다가온다. 그렇다고 야고보서 전체가 하나의 큰 주제를 가진 설교와 같다고 말하는 것은 아니다. 오히려 야고보서는 명확한 논리와 조직적인 생각의 흐름보다는 다양한 주제나 토픽이 여러 단락으로 포개져 전개되고 있다는 느낌이 강하며, 더 나아가 단락간에 존재하는 연결 고리가 확실하지 않는 경우도 많다는 것이 특징이다. 때로는 연속하여 나오는 단락간의 연관성 자체가 마치 두 단락 모두에 존재하는 동일한 단어가 연결 고리 역할을 하고 있는 듯 보이기도 한다(이 점에 관해서는 책의 내용을 다룰 때 다시 살펴보기로 하자).

2. 저자

서신의 서두에서 저자는 자신을 '하나님과 주 예수 그리스도의 종 야고보'(1:1)라고 소개하고 있다('야고보'라는 이름은 히브리식 이름이며 이에 반해 영어 성경에서 쓰여지고 있는 'James'라는 이름은 '야고보'라는 히브리 이름을 헬라식으로 표현한 것에 근거하고 있어 겉으로 보기에 차이가 크다). 당시에 아주 흔했던 이름인 야고보라는 사람의 정체에 관해서는 성경 속에서 최소한 두 가지 가능성을 찾아볼 수 있다. 물론 이 두 가능성은 서신 속에 나타나 있는 것처럼 수신자들에게서 저자가 그 권위를 인정받고 있고, 또 저자가 수신자들에게 영향을 끼치고 있는 위치에서 말하고 있다는 점을 염두에 두고 생각해야 한다.

(1) 먼저 이 서신의 저자가 될 수 있는 인물로 예수님의 제자 중에서 세베대의 아들 야고보를 생각해 볼 수 있다. 이 야고보는 마태복음 4장 21절("거기서 더 가시다가 다른 두 형제 곧 세베대의 아들 야고보와 그 형제 요한이 그 부친 세베대와 한가지로 배에서 그물 깁는 것을 보시고 부르시니")에서 알 수 있듯이 사도 요한의 형제였다. 사도 요한의 형제이며 베드로 다음으로 열거되는 중요한 제자였다는 점(예: "엿새 후에 예수께서 베드로와 야고보와 그 형제 요한을 데리시고…", 마 17:1)이 이 서신의 저자로서의 가능성을 생각해 보게 한다. 그러나 사도적인 영향력 면에서는 가능성이 있을지 모르나 그는 서신에 나타나 있는 만큼

교회가 성장하기 훨씬 이전에 죽음을 당한 것으로 사도행전 12장 1, 2절에 기록되어 있다: "그때에 헤롯 왕이 손을 들어 교회 중 몇 사람을 해하려 하여 요한의 형제 야고보를 칼로 죽이니".

따라서 세베대의 아들 사도 야고보는 예수님의 제자들 중에 가장 먼저 순교를 당했기 때문에 저자로서의 가능성은 희박하다.

세베대의 아들 야고보가 저자일 가능성이 없다면 교회사와 유대 전통을 통해 알려진 대로 예수님의 형제인 야고보를 생각해 볼 수 있다. 마가복음 6장 3절을 보면 예수님의 형제들 중에 야고보가 있었음을 알 수 있다: "이 사람이 마리아의 아들 목수가 아니냐 야고보와 요셉과 유다와 시몬의 형제가 아니냐 그 누이들이 우리와 함께 여기 있지 아니하냐 하고 예수를 배척한지라."

이 야고보는 예수님의 십자가 사건 전에는 예수 그리스도를 믿지 않았다("이는 그 형제들이라도 예수를 믿지 아니함이러라", 요 7:5). 그러나 예수님이 부활하신 후에는 부활한 예수님을 직접 본 것으로 기록되어 있으며("그 후에 야고보에게 보이셨으며 그 후에 모든 사도에게와", 고전 15:7), 야고보를 비롯한 예수님의 가족들이 예수님에 대한 신앙을 갖게 되어 예수님이 승천하신 후 성령 강림을 기다리고 있는 모습을 사도행전 1장 14절을 통해 볼 수 있다("여자들과 예수의 모친 마리아와 예수의 아우들로 더불어 마음을 같이 하여 전혀 기도에 힘쓰니라").

그 후에 그는 예루살렘 교회에서 매우 큰 권위를 가진 사람이 되었다는 것을 사도행전에서 발견할 수 있다. 특히 사도행전 15장에 기록되어 있는 예루살렘 공회 때 '이방 기독교인들'에 관한 회의의 최종 결론(13절 이후)을 내리는 사람이 야고보라는 점을 생각해 보면 예루살렘교회 안에서의 그의 위상을 추측해 볼 수 있다. 또한 사도행전 21장에서 사도 바울이 예루살렘을 방문하면서 '야고보를 방문하였다.'고 표현한 것을 보면 그가 교회 안에서 어떤 위치였는지를 가늠하게 해 준다("그 이튿날 바울이 우리와 함께 야고보에게로 들어가니 장로들도 다 있더라", 18절). 이러한 야고보의 권위는 이 서신 속에 46개의 명령문이 나온다는 사실 속에도 반영되어 있다.

야고보의 권위와 예루살렘 교회 안에서의 위치 외에 우리가 그를 이 서신의 저자로 생각해 볼 수 있는 또 다른 요소는 그의 성향과 이 야고보서의 내용이 아주 잘 일치하고 있다는 점이다. 갈라디아서 2장 12절("야고보에게서 온 어떤 이들이 이르기 전에 게바가 이방인과 함께 먹다가 저희가 오매 그가 할례자들을 두려워하여 떠나 물러가매")이나 사도행전 21장 17절 이후에 기록되어 있는 사도 바울에게 유대인의 결례를 따라 행하라는 권면의 모습("저희를 데리고 함께 결례를 행하고 저희를 위하여 비용을 내어 머리를 깎게 하라 그러면 모든 사람이 그대에게 대하여 들은 것이 헛된 것이고 그대도 율법을 지켜 행하는 줄로 알 것이라", 24절) 등에서 야고보는 매우 유대적이며 구약적인 모습을 보여 주고 있으며, 이런 모습은 야고보서의 내용과 잘 일치하고 있다.

이외에도 교회의 전통에 의하면 그의 별명이 '의인 야고보(James the Just)'라고 알려져 있는데, 이것은 이 서신 속에서 부각되어 있는 진실된 종교적 행함과 윤리의 강조와 일치한다고 할 수 있다.

마지막으로 사도행전에 기록된 그의 연설 내용과 본 서신 내용과의 관련성 또한 예수님의 동생 야고보가 야고보서의 저자일 가능성을 높여 주고 있다. 예를 들어 사도행전 15장 14절("하나님이 처음으로 이방인 중에서 자기 이름을 위할 백성을 취하시려고 저희를 권고하신 것을 시므온이 고하였으니")에서 '권고하신'으로 해석된 단어는 그렇게 흔히 쓰이지 않는 헬라어 단어로써 (*episkeptomai*), 야고보서 1장 27절("하나님 아버지 앞에서 정결하고 더러움이 없는 경건은 곧 고아와 과부를 그 환난 중에 돌아보고 또 자기를 지켜 세속에 물들지 아니하는 이것이니라.")에도 동일하게(해석은 '권고하다'가 아닌 '돌아보고'라고 되어 있음) 쓰여져 있다라는 사실을 들 수 있으며, 더 나아가 사도행전 15장 23절("그 편에 편지를 부쳐 이르되 사도와 장로된 형제들은 안디옥과 수리아와 길리기아에 있는 이방인 형제들에게 문안하노라.")의 인사가 야고보서 1장 1절의 인사와 유사하다는 것도 예수님의 동생 야고보가 야고보서의 저자일 가능성이 높은 것으로 지적할 수 있다.

3. 저작 연대

이 서신이 언제 쓰여졌느냐 하는 질문은 매우 중요하다. 특별히 야고보서의 내용상 2장의 주장이(예: "이로 보건대 사람이 행함으로 의롭다 하심을 받고 믿음으로만 아니니라", 24절) 겉으로 보기에 사도 바울의 '오직 믿음'으로 의롭다 칭함(칭의)을 얻는다는 주장에 반대하는 것처럼 보이기 때문에 더욱 더 중요하다고 할 수 있다.

유대 역사학자인 요세프스에 따르면 예수 그리스도의 혈육 사도 야고보는 AD 62년에 순교했다. 이러한 이유로 학자들간에는 이 서신의 저작 연대를 그가 죽기 전인 AD 60년대 초반으로 보는 견해와 AD 50년 이전으로 보는 두 견해로 나뉜다. 이 두 견해 중에서 만약 저작 시기가 초대 교회의 초창기(40년대)였다면 위에서 언급한 사도 바울의 가르침과의 '충돌'로 비추어질 수 있는 어느 정도의 혼돈이 이해가 가지만, 만약에 그렇지 않고 60년대 초반부처럼 교회 설립 이후 어느 정도 시간이 지난 후에 쓰여졌다면 문제는 달라진다. 즉, 초대 교회는 '칭의'에 대해 지속적으로 갈등을 겪었으며(갈라디아서 등), 그러한 문제는 단순히 유대주의자들과의 문제뿐 아니라 기독교 내부의 문제였음을 사사해 주고 있기 때문이다. 그뿐 아니라 이것과 연결해 사도 바울의 가르침 중에 가장 기본이 되는 주장이라고 할 수 있는 '칭의'에 대한 논란성이 60년 초까지도 '기독교 내부'에 있었다는 결론을 내릴 수밖에 없기 때문이다.

이로 인해 두 가지 견해 중에서 많은 학자들은 후자(50년대 이전)의 가능성이 매우 높다고 보고 있으며, 그 이유는 다음과 같은 것에 근거하고 있다.

첫째, 이 서신이 대단히 유대인적인 반면에 이방인에 관한 것은 전무하다는 사실이다. 이것은 교회 속에 이방인들이 유입되기 전의 매우 이른 초대 교회의 모습에 국한되어 있음을 보여 주는 것이다.

둘째, 유대주의자들에 관한 언급이 없다는 사실 또한 야고보서가 초대 교회의 초기 모습을 보여 준다고 할 수 있다. 비교적 후기

저작이라고 할 수 있는 바울 서신(갈라디아서) 등을 통해 알 수 있듯 이방 기독교인들(Gentile Christians)이 늘어남과 동시에 교회 안에는 자연스럽게 유대주의자들이 일으키는 문제가 있었음을 알 수 있다. 그러나 야고보서에 그런 언급이 없다는 것은 이 서신이 좀 더 이른 시기에 기록되었다는 걸 말해 주는 것이다.

셋째, 다른 성경과의 연관성 측면에서 볼 때도 이 서신은 후기 서신들과의 연관성보다는 구약이나 예수님의 직접적인 가르침과 연관성이 더욱 많다는 특징을 들 수 있다. 만약 후기에 쓰여졌다면 베드로전서 등에서 볼 수 있듯이 바울 서신과의 연관성이 더욱 많았을 것이라고 추정해 볼 수 있다.

넷째, '교회'라는 단어 대신 '회당'(2:2)이라는 표현을 쓰고 있으며, 다섯째로 '선생'(3:1)과 '장로'(5:14) 등의 표현을 통해 알 수 있듯이 매우 단순한 교회 조직이었음을 알 수 있다는 면에서 50년대 이전에 쓰여졌다고 결론 지을 수 있다. 그렇다면 야고보서는 신약 27권 중에서 가장 먼저 쓰여진 책이 된다.

4. 서신의 대상

앞에서도 지적한 대로 이 서신의 특징은 매우 유대적이다. 1장 1절에서 수신자들을 밝히고 있는 표현에서부터 유대적이다: "하나님과 주 예수 그리스도의 종 야고보는 흩어져 있는 열두 지파에게 문안하노라."

특별히 개역성경에 '흩어져 있는'이라는 표현은 헬라어로 '디아스포라'(*diaspora*)라는 단어이며, 그 단어는 흩어져 사는 유대인들을 지칭하는 전문 용어였다는 사실을 주목해 볼 필요가 있다. 물론 은유적으로 사용하면(베드로전서 1장 1절과 같이) 기독교인들을 지칭하는 의미로 사용될 수 있으나 야고보서의 내용상 흩어져 사는 유대인들을 지칭하는 것으로 보는 것이 자연스럽다.

2장 2절에서 믿는 이들이 모이는 장소를 '회당(synagogue)'이라고 부르고 있는 점이라든가 개역성경 5장 4절에서 '만군의 주'라고 해석되어 있는 헬라어 표현(kyriou sabaoth: 문자적으로 'Lord of hosts'라는 표현으로, NIV에서는 'the Lord Almighty'라고 해석되어 있음)이 매우 유대적(구약적)임을 들 수 있다.

이렇게 유대적이라는 특징 이외에 기독교적이라는 것도 들 수 있다. 2장 1절("내 형제들아 영광의 주 곧 우리 주 예수 그리스도를 믿는 믿음을 너희가 받았으니 사람을 외모로 취하지 말라."), 또는 주님의 재림이 강조되어 있는 5장 7~8절("그러므로 형제들아 주의 강림하시기까지 길이 참으라 보라 농부가 땅에서 나는 귀한 열매를 바라고 길이 참아 이른 비와 늦은 비를 기다리나니 너희도 길이 참고 마음을 굳게 하라 주의 강림이 가까우니라.")은 우리로 하여금 수신자들이 유대 기독교인들(Jewish Christians)이라는 결론을 내리도록 유도한다.

이런 사실들을 성경의 다른 부분들과 연관시켜 생각해 본다면 스데반의 순교와 뒤이어 시작된 대박해로 인하여 예루살렘 교회에서 흩어져 나간 성도들을 향해 야고보가 예루살렘에서 보낸 서신으로 볼 수 있다. 결국 야고보서는 1장 1절에 나와 있는 것처럼 한 때는 자신이 목회하고 있던 예루살렘교회의 성도들이었지만 박해로 인해 편지를 쓸 당시에는 이곳 저곳으로 흩어져 있던(디아스포라) 사람들에게 쓴 편지였다는 의미에서 '목회적' 요소가 담긴 서신이라고 결론 지을 수 있다.

5. 서신의 기록 목적과 상황

앞에서 지적한 대로 이 서신의 수신자들은 야고보가 예루살렘 교회에서 목회할 때의 형제 자매들이었다. 그러나 이제는 흩어져 더 이상 그들과 함께할 수 없는 상황에서 그들이 여러 가지 문제에 직면해 있다는 소식을 듣게 되어 목회적 차원에서 이 서신을 쓰게 되었다고 말할 수 있다.

서신의 내용에 근거해 볼 때, 예루살렘을 떠나 여러 곳에 흩어져 살고 있던 유대 기독교인들은 핍박이라는 외부적인 어려움을 경험하고 있었다는 것을 알 수 있다(1장). 그러나 본 서신은 그런 외부적 요소보다는 그들간에 존재하는 내부적 요소들에 더 많은 분량을 할당하고 있다. 졸부들이 그들 가운데 생겨나고 있었으며(2장, 5장), 그들이 가지고 있는 '종교'가 형식화되어 가고 (2장), 성도 서로간에(특별히 경제적인 이유로) 차별이 생겨나면서 기독교인들 사이에 마땅히 있어야 할 사랑의 부재를 보여 주고 있을 뿐 아니라(2장), 서로를 향한 독설(3장)의 문제와 함께 서로간의 교제에 관한 문제(4장) 등 형성된 지 얼마 안 된 공동체의 문제치고는 너무도 쉽게 세속화되어 버린 교회의 모습을 경계하며 책망하고 있다. 우리는 아무리 거룩한 교회라 할지라도 얼마나 빨리 세속화되어질 수 있는지를 볼 수 있으며, 그런 면에서 우리 모두가 경각심을 가져야 한다는 경고의 목소리를 이 서신을 통해 들어야 한다.

6. 성경의 다른 책들과의 관계

앞에서 서신의 저작 연도를 다룰 때 이미 언급한 것처럼 이 서신 속에는 예수님의 말씀과 지혜 문학이나 예언서와 같은 구약과의 연관성이 상당히 크다는 것을 쉽게 찾아볼 수 있다. 먼저 예수님의 가르침과 본 서신의 관계를 다음의 표를 통해 살펴보자.

야고보서	예수님의 말씀(복음서)
5장 12절: "내 형제들아 무엇보다도 맹세하지 말지니 하늘로나 땅으로나 아무 다른 것으로도 맹세하지 말고 오직 너희의 그렇다 하는 것은 그렇다 하고 아니라 하는 것은 아니라 하여 죄 정함을 면하라."	마태복음 5장 34~37: "나는 너희에게 이르노니 도무지 맹세하지 말지니 하늘로도 말라 이는 하나님의 보좌임이요 땅으로도 말라 이는 하나님의 발등상임이요 예루살렘으로도 말라 이는 큰 임금의 성임이요 네 머리로도 말라 이는 네가 한 터럭도 희고 검게 할 수 없음이라 오직 너희 말은 옳다 옳다, 아니라 아니라 하라 이에서 지나는 것은 악으로 좇아 나느니라."
2장 5절: "내 사랑하는 형제들아 들을지어다 하나님이 세상에 대하여는 가난한 자를 택하사 믿음에 부요하게 하시고 또 자기를 사랑하는 자들에게 약속하신 나라를 유업으로 받게 아니하셨느냐."	누가복음 6장 20절: "예수께서 눈을 들어 제자들을 보시고 가라사대 가난한 자는 복이 있나니 하나님의 나라가 너희 것임이요."
3장 10~12절: "한 입으로 찬송과 저주가 나는도다 내 형제들아 ! 이것이 마땅치 아니하니라 샘이 한 구멍으로 어찌 단 물과 쓴 물을 내겠느뇨 내 형제들아 어찌 무화과나무가 감람열매를, 포도나무가 무화과를 맺겠느뇨 이와 같이 짠물이 단물을 내지 못하느니라."	마태복음 7장 16~20절: "그의 열매로 그들을 알지니 가시나무에서 포도를, 또는 엉겅퀴에서 무화과를 따겠느냐 이와 같이 좋은 나무마다 아름다운 열매를 맺고 못된 나무가 나쁜 열매를 맺나니 좋은 나무가 나쁜 열매를 맺을 수 없고 못된 나무가 아름다운 열매를 맺을 수 없느니라 아름다운 열매를 맺지 아니하는 나무마다 찍혀 불에 던지우느니라 이러므로 그의 열매로 그들을 알리라."
3장 18절: "화평케 하는 자들은 화평으로 심어 의의 열매를 거두느니라"	마태복음 5장 9절: "화평케 하는 자는 복이 있나니 저희가 하나님의 아들이라 일컬음을 받을 것임이요."

이 서신의 구약과의 연관성에 대해서는 지혜 문학적인 요소와 예언서적인 요소들을 들 수 있다. 먼저 지혜 문학적 요소라 할 수 있는 것으로 1장 8절("두 마음을 품어 모든 일에 정함이 없는 자로다."), 1장 22절("너희는 도를 행하는 자가 되고 듣기만 하여 자신을 속이는 자가 되지 말라.") 그리고 4장 17절("이러므로 사람이 선을 행할 줄 알고도 행치 아니하면 죄니라.") 등의 마치 잠언 같은 구절들을 지목할 수 있다.

더 나아가 악과 선을 대조하는 3장 13~18절("너희 중에 지혜와 총명이 있는 자가 누구뇨 그는 선행으로 말미암아 지혜의 온유함으로 그 행함을 보일지니라 그러나 너희 마음속에 독한 시기와 다툼이 있으면 자랑하지 말라 진리를 거스려 거짓하지 말라 이러한 지혜는 위로부터 내려온 것이 아니요 세상적이요 정욕적이요 마귀적이니 시기와 다툼이 있는 곳에는 요란과 모든 악한 일이 있음이니라 오직 위로부터 난 지혜는 첫째 성결하고 다음에 화평하고 관용하고 양순하며 긍휼과 선한 열매가 가득하고 편벽과 거짓이 없나니 화평케 하는 자들은 화평으로 심어 의의 열매를 거두느니라.")의 경우도 지혜 문학과 상당히 유사하다고 말할 수 있다.

또한 1장 5절("너희 중에 누구든지 지혜가 부족하거든 모든 사람에게 후히 주시고 꾸짖지 아니하시는 하나님께 구하라 그리하면 주시리라.")과 3장 13~17절(위 참조)의 경우에서는 지혜라는 단어를 사용하고 있다. 물론 전자에서 말하는 지혜라는 단어는 시험을 이기도록 도와주는 것으로 후자의 경우에 어떻게 살아야 하는가를 결정하는 태도를 지칭하고 있다는 차이를 발견할 수 있다.

그리고 4장 6절("그러나 더욱 큰 은혜를 주시나니 그러므로 일렀으되 하나님이 교만한 자를 물리치시고 겸손한 자에게 은혜를 주신다 하였느니라.")은 잠언 3장 34절("진실로 그는 거만한 자를 비웃으시며 겸손한 자에게 은혜를 베푸시나니") 말씀에 근거하고 있다는 점을 더할 수 있다.

마지막으로 지적할 수 있는 특징은 구약의 예언서에서 발견되는 매우 강하게 찌르는 통렬한 표현 등이 이 서신에 사용되어 있다는 점이다. 예를 들어 2장 20절("아아 허탄한 사람아 행함이 없는 믿음이 헛것인 줄 알고자 하느냐."), 4장 4절("간음하는 여자들이여 세상에 벗된 것이 하나님의 원수임을 알지 못하느뇨 그런즉 누구든지 세상과 벗이 되고자 하는 자는 스스로 하나님과 원수되게 하는 것이니라.")이나 4장 8~9절("하나님을 가까이 하라 그리하면 너희를 가까이 하시리라 죄인들아 손을 깨끗이 하라 두 마음을 품은 자들아 마음을 성결케 하라 슬퍼하며 애통하며 울지어다 너희 웃음을 애통으로, 너희 즐거움을 근심으로 바꿀지어다.") 등의 말씀은 예언서 같은 장르의 책들에서나 쉽게 접할 수 있는 표현들이다. 이러한 표현이 등장한다는 것은 이 서신의 저자인 사도 야고보가 구약 선지자들이 가지고 있었던 열정과 스타일을 가진 사람이었음을 느끼게 만든다. 그리고 108개의 구절 중 약 50개가 명령문이라는 사실은 저자 야고보가 수신자들에 대해 가지고 있던 권위가 어느 정도인지를 간접적으로나마 가늠케 해 주고 있다.

7. 본 서신의 신학적 가치

야고보서를 논할 때 일반적으로 빌레몬서를 제외하고 신약에서 가장 '신학적'이지 않은 책이며, 대신 가장 실천적인 책이라고 평가한다. 그렇다고 하여 신학적인 내용이 부재하다는 말은 전혀 아니다. 오히려 실천적인 것을 표면적으로 논하고 있지만 그러한 실천적 주장은 단단한 신학적 사실에 근거하고 있다는 것을 기억하여야 한다. 다음은 조직 신학적 분류에 따라 본 서신에 나타나는 주요 영역들을 분류하여 정리해 보았다.

(1) 신론

'하나님은 어떤 분이신가?' 라는 주제를 다루고 있는 야고보서의 구절들을 통해 아래와 같이 신론을 정리해 볼 수 있다.

1장 5절: "너희 중에 누구든지 지혜가 부족하거든 모든 사람에게 후히 주시고 꾸짖지 아니하시는 하나님께 구하라 그리하면 주시리라"	꾸짖지 아니하시고 후히 주시는 분
1장 13절: "사람이 시험을 받을 때에 내가 하나님께 시험을 받는다 하지 말지니 하나님은 악에게 시험을 받지도 아니하시고 친히 아무도 시험하지 아니하시느니라"	인간을 죄로 인도하시지 않으시며 죄와는 전혀 관계가 없으신 거룩하신 분
1장 17절: "각양 좋은 은사와 온전한 선물이 다 위로부터 빛들의 아버지께로서 내려오나니 그는 변함도 없으시고 회전하는 그림자도 없으시니라"	모든 좋은 것의 원천이 되시는 분
2장 19절: "네가 하나님은 한 분이신 줄을 믿느냐? 잘 하는도다 귀신들도 믿고 떠느니라"	유일하신 참 신

3장 9절: "이것으로 우리가 주 아버지를 찬송하고 또 이것으로 하나님의 형상대로 지음을 받은 사람을 저주하나니"	당신의 형상대로 인간을 창조하신 분
4장 15절: "너희가 도리어 말하기를 주의 뜻이면 우리가 살기도 하고 이것을 하리라 할 것이거늘"	모든 것을 주관하시는 주권을 가지신 분
5장 4절: "보라 너희 밭에 추수한 품꾼에게 주지 아니한 삯이 소리 지르며 추수한 자의 우는 소리가 만군의 주의 귀에 들렸느니라"	공평하시며 의로우신 분
5장 11절: "보라, 인내하는 자를 우리가 복되다 하나니 너희가 욥의 인내를 들었고 주께서 주신 결말을 보았거니와 주는 가장 자비하시고 긍휼히 여기는 자시니라"	자비하시고 긍휼을 베푸시는 분

(2) 죄론

사도 야고보가 생각하고 있는 죄와 그 죄가 각 사람에게 미치는 영향, 그리고 그것이 우리 인간의 생각과 행동 속에 어떤 모습으로 나타나는가는 다음 구절들을 통해 알 수 있다.

1장 14~15절: "오직 각 사람이 시험을 받는 것은 자기 욕심에 끌려 미혹됨이니 욕심이 잉태한즉 죄를 낳고 죄가 장성한즉 사망을 낳느니라"	죄는 모든 사람에게 잠재적으로 존재함
1장 15절: "욕심이 잉태한즉 죄를 낳고 죄가 장성한즉 사망을 낳느니리"	죄는 궁극적으로 사람을 죽음으로 이끎
1장 20절: "사람의 성내는 것이 하나님의 의를 이루지 못함이니리"	죄는 때로는 성내는 것으로 표현됨
1장 21절: "그러므로 모든 더러운 것과 넘치는 악을 내어 버리고 능히 너희 영혼을 구원할 바 마음에 심긴 도를 온유함으로 받으라"	죄가 더러운 것으로도 표현됨
2장 17절: "이와 같이 행함이 없는 믿음은 그 자체가 죽은 것이라"	죄는 또한 행함이 없는 믿음이라는 불경한 모습으로 나타나기도 함

2장 9절: "만일 너희가 외모로 사람을 취하면 죄를 짓는 것이니 율법이 너희를 범죄자로 정하리라"	죄는 외모로 사람을 취하게 만들기도 함
3장 2절: "우리가 다 실수가 많으니 만일 말에 실수가 없는 자면 곧 온전한 사람이라 능히 온 몸에 굴레 씌우리라"	죄란 예외 없이 모든 이들에게 일반적이며 편만함
4장 1~3절: "너희 중에 싸움이 어디로, 다툼이 어디로 좇아 나느뇨 너희 지체 중에서 싸우는 정욕으로 좇아 난 것이 아니냐 너희가 욕심을 내어도 얻지 못하고 살인하고 시기하여도 능히 취하지 못하나니 너희가 다투고 싸우는도다 너희가 얻지 못함은 구하지 아니함이요 구하여도 받지 못함은 정욕으로 쓰려고 잘못 구함이니라"	죄로 인해 인간들이 정욕과 욕심을 추구함
4장 4절: "간음하는 여자들이여! 세상에 벗된 것이 하나님의 원수임을 알지 못하느뇨 그런즉 누구든지 세상과 벗이 되고자 하는 자는 스스로 하나님과 원수되게 하는 것이니라"	죄는 사람들을 세상과 벗이 되도록 유도함
4장 6절: "그러나 더욱 큰 은혜를 주시나니 그러므로 일렀으되 하나님이 교만한 자를 물리치시고 겸손한 자에게 은혜를 주신다 하였느니라"	죄는 사람들을 교만함으로 이끎
5장 4절: "보라 너희 밭에 추수한 품꾼에게 주지 아니한 삯이 소리지르며 추수한 자의 우는 소리가 만군의 주의 귀에 들렸느니라"	죄로 인해 도둑질을 하며 남을 핍박함

(3) 종말론

야고보서가 강조하고 있는 행함이란 단순한 윤리나 도덕을 가르치는 것이 아니다. 그런 윤리와 도덕의 중요성은 다가오고 있는 종말 때문에 궁극적인 이유와 당위성을 갖는다.

1장 12절: "시험을 참는 자는 복이 있도다 이것에 옳다 인정하심을 받은 후에 주께서 자기를 사랑하는 자들에게 약속하신 생명의 면류관을 얻을 것임이니라"	마지막 심판의 날은 의로운 자들에게는 상급을 받는 날임
2장 5절: "내 사랑하는 형제들아 들을지어다 하나님이 세상에 대하여는 가난한 자를 택하사 믿음에 부요하게 하시고 또 자기를 사랑하는 자들에게 약속하신 나라를 유업으로 받게 아니하셨느냐"	이 땅에 살지라도 다음 세상에 속한 축복을 이미 받아 누리고 있음
2장 12절: "너희는 자유의 율법대로 심판 받을 자처럼 말도 하고 행하기도 하라" 3장 1절: "내 형제들아 너희는 선생된 우리가 더 큰 심판을 받을 줄을 알고 선생이 되지 말라"	마지막 심판의 날은 어떤 이들에게는 대가를 지불하여야 할 날이 됨
5장 7~8절: "그러므로 형제들아 주의 강림하시기까지 길이 참으라 보라 농부가 땅에서 나는 귀한 열매를 바라고 길이 참아 이른 비와 늦은 비를 기다리나니 너희도 길이 참고 마음을 굳게 하라 주의 강림이 가까우니라"	주님은 약속대로 다시 이 땅에 오실 것임
5장 9절: "형제들아 서로 원망하지 말라 그리하여야 심판을 면하리라 보라 심판자가 문 밖에 서 계시니라"	그 분의 재림이 매우 임박함

(4) 구원론

믿는 이들이 누리고 있는 구원은 어떤 것이며, 그 구원이 어떤 결과를 낳아야 하는 것인지를 다음 구절을 통해 알 수 있다.

1장 18절: "그가 그 조물 중에 우리로 한 첫 열매가 되게 하시려고 자기의 뜻을 좇아 진리의 말씀으로 우리를 낳으셨느니라"	크리스천은 하나님으로부터 난 자들임
1장 21절: "그러므로 모든 더러운 것과 넘치는 악을 내어 버리고 능히 너희 영혼을 구원할 바 마음에 심긴 도를 온유함으로 받으라"	하나님이 심어 주신 말씀을 통하여 영혼(구약적 의미로 '우리 자신'을 지칭)의 구원을 이룸

2장 21~25절: "우리 조상 아브라함이 그 아들 이삭을 제단에 드릴 때에 행함으로 의롭다 하심을 받은 것이 아니냐 네가 보거니와 믿음이 그의 행함과 함께 일하고 행함으로 믿음이 온전케 되었느니라 이에 경에 이른 바 아브라함이 하나님을 믿으니 이것을 의로 여기셨다는 말씀이 응하였고 그는 하나님의 벗이라 칭함을 받았나니 이로 보건대 사람이 행함으로 의롭다 하심을 받고 믿음으로만 아니니라 또 이와 같이 기생 라합이 사자를 접대하여 다른 길로 나가게 할 때에 행함으로 의롭다 하심을 받은 것이 아니냐"	의롭다 칭하신 것은 의로운 행위로 인도하기 위함
5장 15절: "믿음의 기도는 병든 자를 구원하리니 주께서 저를 일으키시리라 혹시 죄를 범하였을지라도 사하심을 얻으리라"	죄 용서함을 받음

8. 간단히 요약해 본 야고보서

한마디로 야고보서는 하나님의 지혜에 관한 논문(treatise)과 같은 글이라고 말할 수 있다. 위에서 지적하였듯 야고보서는 지혜 문학과 구약에 기록된 지혜라는 주제에 상당히 의존하고 있다. 시편 37편과 같은 지혜에 관한 말씀과 같이 타락하였으며, 하나님을 저항하는 세상에서 하나님의 뜻을 좇아 어떻게 살아가야 할 것인가라는 실제적인 문제를 다루고 있다.

시편 37편과 성경의 다른 부분에 나오는 지혜에 관한 본문들이 그러하듯 그러한 질문에 관한 최종의 해결책은 메시아의 나라의 도래라는 종말적 소망에 의존하고 있다. 오직 그때만이 하나님의 의로우신 심판이 의롭지 않은 자들에게 임할 것이며, 의로운 자들은 상급을 얻을 것이기 때문이다. 그때까지 지혜로운 자들이 취하여야 할 행동은 거룩한 삶을 살며, 삶의 모든 영역에서 하나님을 신뢰하여 살아야 한다는 것이다. 저자 야고보는 이러한 사실을 새 계명의 혜택을 이미 즐기고 있는 자들의 특성인 겸손과 마음의 정결함의 중요성을 부각시킴으로 강조하고 있다.

9. 서신의 구조

Ⅰ. 시험과 크리스천의 성숙: 하나님께서 좋은 것으로 주실 것이라는 결론(1:1~18)

1. 편지 서두 및 인사(1:1)
2. 시련의 목적을 이해하라(1:2~4)
3. 지혜, 기도 그리고 믿음(1:5~8)
4. 부유함과 가난함(1:9~11)
5. 환난과 시험(1:12~18)

Ⅱ. 행함 속에 나타나는 진정한 기독교(1:19~2:26)

1. 말과 분냄에 관한 권고(1:19~20)
2. 도를 행하는 자가 되라(1:21~27)
3. 외모로 차별하지 않는 것과 사랑의 법(2:1~13)
4. '구원' 하는 믿음(2:14~26)

Ⅲ. 공동체 속의 분열(3:1~4:12)

1. 무절제한 혀가 불러일으키는 해로운 결과들(3:1~12)
2. 참된 지혜는 화평을 가져옴(3:13~18)
3. 정욕은 싸움의 원천이 됨(4:1~3)

4. 회개하라(4:4~10)

5. '비방' 하는 것을 금하라(4:11~12)

Ⅳ. 기독교적 세계관; 인생과 종말(4:13~5:11)

1. 인생관: 교만함을 버리라(4:13~17)

2. 재물관: 부를 잘못 사용하는 자들은 두려워하라(5:1~6)

3. 종말관: 길이 참으라(5:7~11)

Ⅴ. 결론(5:12~20)

1. 맹세하지 말라(5:12)

2. 기도의 중요성(5:13~18)

3. 행하는 것의 중요성(5:19~20)

I. 시험과 크리스천의 성숙: 하나님께서 좋은 것으로 주실 것이라는 결론(1:1~18)

1. 편지 서두 및 인사(1:1)

(가) 사도 야고보는 자신을 무엇이라고 부르고 있는가? 그 단어가 함축하고 있는 의미는 무엇이라고 생각하는가?

잠깐!

1절에서 말하고 있는 '흩어져 있는 열두 지파'의 정체에 관하여 생각해 보자. 먼저 알 수 있는 사실은 '열두 지파'라는 표현은 그 당시 더 이상 실제로 존재하지 않는 상황이어서 그들이 의미하는 것은 마지막 시대에 새롭게 모인 영적으로 거듭난 이스라엘을 지칭하는 표현이었다는 것이다(겔 47:13, "나 주 여호와가 말하노라 너희는 이 지계대로 이스라엘 열두지파에게 이 땅을 나누어 기업이 되게 하되 요셉에게는 두 분깃이니라."; 마 19:28, "예수께서 가라사대 내가 진실로 너희에게 이르노니 세상이 새롭게 되어 인자가 자기 영광의 보좌에 앉을 때에 나를 좇는 너희도 열두 보좌에 앉아 이스라엘 열두 지파를 심판하리라."; 계 21:12, "크고 높은 성곽이 있고 열두 문이 있는데 문에 열두 천사가 있고 그 문들 위에 이름을 썼으니 이스라엘 지손 열두 지파의 이름들이라"). 그리고 우리 성경에서 '흩어져 있는'이라고 해석된 헬라어 표현은 '디아스포라'(*diaspora*)라는 단어로 그 당시 팔레스타인 지역 밖에 흩어져 사는 유대인 공동체를 향해 부르는 전문 용어였다.

그러나 이 용어가 언제나 예외 없이 항상 유대인들을 의미한다고 결론지을 수는 없다. 베드로전서 1장 1절에서와 같이 그 단어가 이방 기독교인들을 향해 '은유적'으로 쓰여진 것을 볼 때 더욱 그렇다. 그러나 앞에서 지적하였듯이 이 서신이 쓰여진 시기가 기독교가 막 전파되기 시작하던 아주 초기이고, 야고보의 입장 속에 나타나 있는 유대적 상황과 분위기(이 책 16~17 페이지 참조)를 통해서 볼 때 이 서신에서 이 용어는 유대인들을 지칭하는 용어로 사용된 것이

분명하며, 이것은 사도행전 11장 19절("때에 스데반의 일로 일어난 환난을 인하여 흩어진 자들이 베니게와 구브로와 안디옥까지 이르러 도를 유대인에게만 전하는데")에서 발견되는 동일한 의미로 사용되었다고 말할 수 있다. 결론적으로 저자 야고보는 과거에 자신이 돌보았으나 지금은 로마 제국의 여러 다른 곳에 흩어져 생활하고 있는 유대인 출신 기독교인들을 향해 이 서신을 쓰고 있는 것이다.

(나) 이 서신의 직접적인 수신자(대상)들은 누구인가? 그들은 과연 어떤 사람들이었다고 추측할 수 있는가?

2. 시련의 목적을 이해하라(1:2~4)

단어 연구

헬라어 단어인 페이라스모스(*peirasmos*)는 신약에서 두 개의 기본적 의미로 사용되고 있다. 첫 번째는 '죄를 향한 내적인 유혹'이라는 의미로 사용되는데, 디모데전서 6장 9절("부하려 하는 자들은 시험과 올무와 여러 가지 어리석고 해로운 정욕에 떨어지나니 곧 사람으로 침륜과 멸망에 빠지게 하는 것이라.")이 그 예이다. 둘째는 '외적인 고난'이라는 의미를 지닌 단어로 사용되는데, 특히 핍박의 경우와 연결되어 사용되는 베드로전서 4장 12절("사랑하는 자들아 너희를 시련하려고 오는 불시험을 이상한 일 당하는 것같이 이상히 여기지 말고")을 그 예로 들 수 있다. 어떤 경우에는 두 가지 의미를 다 가지고 있는 경우도 있다(예: 마 26:41, "시험에 들지 않게 깨어 있어 기도하라 마음에는 원이로되 육신이 약하도다 하시고"). 즉, 바로 이 경우는 이 단어가 제자들이 경험할 수 있는 내적인 유혹이라는 의미와 함께 제자들을 향해 다가오는 핍박이라는 의미로도 해석이 가능하다.

저자가 사용한 단어의 의미가 무엇이며 어떤 의도로 그 단어를 사용하고 있는가 하는 것은 그 단어가 쓰여진 문맥을 자세히 살펴봄으로 결정할 수 있다. 그리고 대부분의 경우 개역성경에서는 '시험'과 '시련'이라는 단어를 구분하여 사용함으로써 이미 문맥 안에서의 의미를 결정해 주고 있는 경우가 많다. 그러나 이곳 야고보서에서는 그렇지 않다. 실제로 2절에서 '시험'이라고 번역된 부분은 주어진 문맥(3절에서는 '믿음의 시련'이라는 분명한 표현이 사용되고 있지만, 여기서 시련이라고 해석된 헬라어 단어는 우리가 현재 논의하고 있는 단어와 동일하지 않음)을 통해 보면 후자의 경우에 해당하여 '시련'이 더욱 정확하다고 말할 수 있다.

(가) 2절에서 '시험'이라고 나와 있는 단어의 의미는 무엇인가? 이 시험의 범주에는 어떤 것들이 포함될 것이라고 생각하는가?

단어 연구

개역성경에서 '시련'으로 번역된 헬라어 단어인 도키미온(*dokimion*)은 신약에서는 이곳 외에 베드로전서 1장 7절("너희 믿음의 시련이 불로 연단하여도 없어질 금보다 더 귀하여 예수 그리스도의 나타나실 때에 칭찬과 영광과 존귀를 얻게 하려함이라.")에만 나온다. 이 두 단어의 용례를 비교해 살펴보면 서로간에 차이가 있다. 베드로전서에서는 시련의 '결과'에 초점을 두고 있는 반면, 야고보서 1장 3절("이는 너희 믿음의 시련이 인내를 만들어 내는 줄 너희가 앎이라.")에서는 마치 금이나 은이 불을 통해 정련되듯이 믿음이 시련을 통해 단련되고 순수해질 수 있다는 것을 말함으로써 시련의 '과정'에 강조를 두고 있다.

야고보서에서 말하고자 하는 요점은 시련은 어떤 사람이 믿음이 있는지 없는지를 알아보기 위한 것이 아니라, 그 사람이 이미 가지고 있는 믿음을 강화시켜 준다는 것을 강조하고 있다는 것이다. 바로 이것이 2절에서 온전히 기뻐하라고 말하고 있는 이유다. 결론적으로 베드로전서와 야고보서에서 '시련'이라는 단어의 사용상의 차이를 간단히 정리하여 보면 베드로전서의 가르침은 '시련에도 불구하고'(in spite of) 그 결과를 기대하며 기뻐해야 한다고 가르치고 있는 반면, 야고보서는 시련의 과정을 통해 우리의 믿음이 더욱 성숙될 수 있기 때문에 '시련으로 인해' (because of) 도리어 기뻐해야 한다고 가르치고 있다.

(나) 야고보는 '시험'을 만날 때 '조건 없이' 기뻐하라고 말하고 있다. 무엇 때문에 그렇게 하라고 말하고 있는가?

4절에서 말하는 '온전함'이라는 단어는 무엇을 의미하는가?

개역성경에 나와 있듯 '온전하다'(*teleios*)라는 단어가 4절에만 두 번이나 사용되었다. 4절을 문자적으로 번역하자면 '인내로 하여금 온전한 역할을 감당하도록 허락하라. 그럴 때만이 시련의 궁극적 목적이며, 또한 인내가 그 역할을 온전히 감당할 때 나타나는 결과인 온전하고 구비하여 조금도 부족함이 없게 된다.'라고 번역할 수 있다. 그렇다면 이런 '온전함'이 이 땅에서 우리가 살아가는 동안 이루어질 수 있는 것인가? 어떤 사람들이 주장하듯 여기서 '온전하다'는 단어의 뜻을 본래 이 단어의 뜻인 '성숙하다'라는 의미를 어느 정도 희석해 그 본래 뜻을 약화시킬 때는 그런 온전함이 이루어진다고 말할 수 있을 것이다.

그러나 야고보서에서 사용된 이 단어의 용례를 살펴볼 때 그렇게 약화된 의미로 해석하는 것은 문제가 있다. 이런 예에는 하나님이 주시는 선물(1:17, "각양 좋은 은사와 <u>온전한</u> 선물이 다 위로부터 빛들의 아버지께로서 내려오나니 그는 변함도 없으시고 회전하는 그림자도 없으시니라"), 율법(1:25, "자유하게 하는 <u>온전한</u> 율법을 들여다보고 있는 자는 듣고 잊어버리는 자가 아니요 실행하는 자니 이 사람이 그 행하는 일에 복을 받으리라"), 혀를 주관할 수 있는 사람(3:2, "우리가 다 실수가 많으니 만일 말에 실수가 없는 자면 곧 <u>온전한</u> 사람이라 능히 온

몸도 굴레 씌우리라.") 등이 있다. 이러한 구절들과 각 문맥을 살펴볼 때 단순히 '성숙한', 또는 '더욱 성숙한'이라는 의미를 지니고 있다고 해석하기보다는 '종말적이며 궁극적인 푯대'로 해석하는 것이 좋다고 생각된다. 달리 표현하자면 모든 기독교인들이 최선을 다해 쉬지 않고 노력해야 할 목표점인 동시에 구원이 온전히 완성되는 순간에 얻게 되는 상태를 의미한다고 할 수 있다. 따라서 그리스도인은 그런 소망을 가지고 살아야 한다는 것이다. 그렇게 될 때 크리스천에게 진정으로 필요한 모든 미덕에 '조금도' 부족함이 없이 온전하게 될 것이다.

3. 지혜, 기도 그리고 믿음(1:5~8)

단락간의 구조적 연결성

앞에서 지적했듯이 야고보서의 단락간의 연결성은 다른 서신과는 차이가 있다. 이 단락에서도 4절에서의 '부족하다'라는 단어가 5절에서 다시 반복되어 나타난다는 사실은 사도 야고보의 생각의 흐름을 알 수 있게 하는 대목이다. 이 외에도 시험, 시련, 연단 등의 단어가 이 단락과 1:12~16절을 연결하고 있다. 또한 '온전하게'(perfect)라는 단어가 17절에 다시 나온다. 그 외에도 5절에 나와 있는 '하나님께서 주심'이라는 표현이 17절에서 반복되고 있다는 점도 지적할 수 있다.

2~4절과 5~8절의 연관성에 대한 한 가지 가능성은 시련의 과정을 통해 우리가 성숙하게 되기 때문에 시련이 오더라도 온전히 기쁘게 여기라고 말하고 있지만, '그러나 실제 삶에서 어떻게 과연 그렇게 할 수 있겠는가?'라는 질문이 나올 것이고, 바로 그런 질문에 대한 답이 5~8절에 나와 있다고 보는 것이다. 그렇다고 해서 5~8절에서 다루고 있는 '지혜'를 어떤 이들이 주장하는 것처럼 '시련을 향한 올바른 관점'(the perspective on trials)에만 국한시킬 필요는 없다고 본다. 4절에서 말하고 있는 '온전함'을 이루기 위해서라는 좀 더 폭넓은 의미로 '지혜'를 보는 것이 자연스러운 해석이기 때문이다.

(가) 여기서 말하는 지혜를 좀 더 깊이 이해하기 위해서 잠언에서 지혜와 관련된 구절들을 간단히 살펴보자.

(ㄱ) 지혜의 근본(잠 9:10)

(ㄴ) 지혜의 공급자(잠 2:6)

(ㄷ) 지혜의 궁극적 의도(잠 2:8)

(ㄹ) 지혜의 중요성(잠 3:13~14)

(ㅁ) 지혜의 소중함(잠 8:35)

(나) 지혜를 구하는 자에게 하나님께서는 어떻게 하신다고 말씀하고 있는가?

(다) 그러나 그러한 응답을 받을 수 있는 조건은 무엇이라고 말하는가?(6절)

(라) '바람에 밀려 요동하는 바다'의 물결과 같이 일관성 없이 바람의 방향이나 강도에 따라 매 순간 모양이 바뀌는 파도처럼, 고정된 믿음이나 인생의 방향성이 없는 사람을 히브리서 6장 19절("우리가 이 소망이 있는 것은 영혼의 닻 같아서 튼튼하고 견고하여 휘장 안에 들어가나니")을 참조해 말하자면 어떻게 표현할 수 있겠는가?

4. 부유함과 가난함(1:9~11)

> **잠깐!**
>
> 시련이라는 측면에서 보면 부자든 가난한 자든 시련은 아무런 차별 없이 찾아온다는 점에서는 공평하다고 말할 수 있다. 이것은 "Suffering is the great leveler"라는 영어 표현과 부합한다고 할 수 있는데, 바로 고난과 어려움은 인간 모두를 공평하게 만든다는 뜻이다. 단지 차이가 있다면 고난의 모양과 내용이 다르다는 것뿐이다. 결국 여기에서 야고보가 지적하

고 있듯이 부나 가난 자체가 우리를 향한 우리의 자아상을 결정하는 기준이 될 수 없다는 것이다. 오히려 우리의 자랑과 확신은 예수 그리스도와의 관계에 근거해야만 한다는 것을 분명히 하고 있다.

(가) 9절에서 '낮은 형제'란 '부한 형제'와 대조가 되는 개념으로 물질적으로 가난한 사람들을 가르치고 있다. 2장 5절("내 사랑하는 형제들아 들을지어다 하나님이 세상에 대하여는 가난한 자를 택하사 믿음에 부요하게 하시고 또 자기를 사랑하는 자들에게 약속하신 나라를 유업으로 받게 아니하셨느냐.")의 말씀과 연결해 생각해 볼 때 여기서 '자기의 높음을 자랑하라'는 말씀의 의미는 무엇이라고 생각하는가?

(나) 그와 대조로 '부한 형제'를 향하여는 '자기의 낮아짐을 자랑하라'고 한 말씀을 4장 10절의 말씀("주 앞에서 낮추라 그리하면 주께서 너희를 높이시리라.")과 연결하여 그 의미를 생각해 보라.

(다) 특별히 '부한 형제'들이 세상의 부에 관하여 그러한 생각을 가져야 하는 이유를 10절 후반부와 11절에서 지적하고 있다. 그 이유의 핵심은 무엇인가? 그러나 실제로 이와는 대조로 이 세상에서는 어떤 철학이 만연하고 있는가?

5. 환난과 시험(1:12~18)

(가) 12절의 '시험'이라는 단어는 위에서 지적했듯이 '시련'이라는 단어가 더욱 적절한 표현이다. 우리가 이 땅에서 다양한 시련을 극복했을 때 주어지는 상급에 관하여 무엇이라고 말하고 있는가?

(나) 때로 시련을 향하여 가질 수 있는 매우 위험하고 잘못된 태도를 13절에서는 무엇이라고 지적하고 있는가?

하나님과 시험

구약을 살펴보면 하나님께서는 분명히 시험(test)하시는 분임을 알 수 있다. 특히 백성들의 순종을 시험하여 보시기 위하여 특정한 상황으로 이끄시는 경우를 어렵지 않게 발견할 수 있다. 예를 들어 창세기 22장 1절을 보면 아브라함으로 하여금 아들인 이삭을 희생 제물로 드리라고 말씀하신 의도를 "하나님이 아브라함을 시험하시려고"라고 기록하고 있다. 또한 사사기 2장 22절에는 이스라엘 백성들을 주위 이방 민족들에게 내어 주시며 "이스라엘이 그 열조의 지킨 것같이 나 여호와의 도를 지켜 행하나 아니하나 그들로 시험하려 함이라."고 그 의도를 말씀하고 계신다. 그 외에 다른 예들도 많다.

이런 표현들을 이곳 야고보서의 말씀과 연결하여 정리해 보면 다음과 같다. 하나님께서는 자신의 종들의 믿음을 강하게 하거나 점검해 보기 위하여 시험을 하시기도 하지만, 죄짓도록 하기 위해서나 그들의 믿음을 파괴하기 위해서가 아니라는 사실을 알 수 있다. 따라서 모든 것을 하나님이 주관하시고 모든 일은 하나님의 주권하에 일어난다며 하나님의 주권(Sovereignty of God)이라는 신학적 개념을 지나치게 과장하고 확대시켜 자신이 유혹에 넘어가 죄를 지은 경우까지 하나님 때문이라고 말하는 것은 결코 용납될 수 없다.

우리가 시련이나 어려움을 당할 때 그 시련과 역경에 대해 올바른 태도를 갖는 것이 중요하다. 앞에서 지적했듯이 그 같은 시련의 과정을 통해 우리는 더욱 성숙할 수 있으며, 상급으로 생명의 면류관을 받게 된다는 사실을 알고 이겨내야 한다. 그러나 만일 시련에 대해 잘못된 태도를 가지게 되면 하나님과의 관계에 문제가 생기게 되고, 그로 인해 죄와 사망이라는 결과까지 초래할 수 있다는 사실을 기억하여야 한다.

(다) 우리가 시험/ 유혹을 받는다면 그것은 무엇 때문인가?

단어 연구

개역성경에서 '욕심'이라고 해석되어 있는 단어는 헬라어로 에피수미아(*epithymia*)라는 단어로 신약에서는 육신적이며 이기적인 원함을 나타내기 위해 자주 사용되고 있다. 그러나 그것이 항상 부정적인 의미를 지니고 있는 것은 아니다. 예를 들어, 빌립보서 1장 23절의 "내가 그 두 사이에 끼였으니 떠나서 그리스도와 함께 있을 욕망을 가진 이것이 더욱 좋으나"에서처럼 그렇지 않은 경우에도 사용되고 있기 때문이다.

이 단어를 14~15절 말씀과 연관시켜 그 단어 자체가 부정적인 의미를 내포하고 있지 않다는 관점에서 생각할 때 다음과 같은 결론을 얻을 수 있다. 욕심 자체는 죄가 아니지만 사람이 자신의 의지의 행위로 욕심의 유혹에 동의했을 때 죄라는 결과가 초래된다는 것이다. 잠언 9장에 보면 '음부의 깊은 곳'(잠 9:18)으로 사람들을 이끌어 들여 죄를 짓게 하는 '음녀'처럼, 이 구절에서도 욕심에 끌려 미혹되어 마침내 사망의 결과를 낳는 단계를 그리고 있다. 위에서 언급한 잠언에서 '음녀'와 대조를 이루는 것이 '지혜'라는 것을 생각해 볼 때 저자 야고보가 우리에게 항상 무엇을 구하며 살아야 한다고 말할지는 지극히 자명하다.

(라) 14절과 15절에서는 사망의 출생 과정을 어떻게 설명하고 있는가?

(마) 17절과 18절에서 강조하고 있는 하나님의 속성은 무엇인가?

(바) 특별히 신약 전체에서 15절과 18절에만 나오는 '낳는다' 라고 해석된 헬라어 단어는 이 세상의 모든 사람들을 둘로 갈라 놓는 두 가지 '탄생' 을 표현하고 있다. 그 탄생의 원인과 과정을 지적하여 보라

(ㄱ) 영적 죽음으로 이끄는 탄생:

(ㄴ) 영적 삶으로 이끄는 탄생:

II. 행함 속에 나타나는 진정한 기독교(1:19~2:26)

1. 말과 분냄에 관한 권고(1:19~20)

(가) 19절의 '듣기는 속히 하고' 라는 표현의 의미가 무엇이라고 생각하는가?

(나) 어떻게 하는 것이 '듣기는 속히 하는 것' 이라고 생각하는가?

(다) 주어진 문맥(1:19~27)에서 강조하고 있는 바 우리가 귀담아 들어야 하는 가르침은 무엇인가?

잠깐!

오늘 본문에서 야고보가 가르치고 있는 핵심은 「성공하는 사람들의 일곱 가지 습관들」로 번역된 스티븐 코비(Stephen Corvey)의 「The Seven Habits of Highly Effective People」(매우 효과적인 사람들의 일곱 가지 습관들)에서 '다른 사람들과의 상호 의존적인(interdependent) 관계의 측면에서 가장 중요한 것의 하나는 상대방의 이야기를 잘 들음으로써 그 사람을 이해하는 것이다.'라는 말을 생각나게 한다. 그는 'Seek first to understand, then to be understood.'(먼저 남을 이해하기를 노력한 다음에 당신을 이해시키도록 하라)라고 말하고 있는데, 이것은 오늘 야고보의 가르침과 아주 유사하다. 남의 말을 귀담아 듣지 않고 그 결과 상대에 대한 충분한 이해 없이 말하는 자들을 잠언에서는 '어리석은 자'라고 말하고 있다. 자신의 얘기를 타인에게 들려 주려고만 하고 남의 말은 귀 담아 들으려 하지 않는 오늘날의 문화 속에서 먼저 상대방의 얘기를 듣고 상대방을 이해하려고 노력하는 것은 리더십 훈련의 가장 중요한 요소 중 하나다.

(라) 말하기를 더디 하고, 성내기를 더디 하기 위해 우리에게 필요한 요소는 무엇이라고 생각하는가?

2. 도를 행하는 자가 되라(1:21~27)

(가) 21절과 22절에서 반복해서 사용된 '도'라는 것은 무엇이라고 생각하는가?

(나) 우리 모두가 거울을 보는 이유는 무엇인가?

(다) 야고보가 거울을 보는 이유와 '듣는' 것을 대조시킴으로 우리에게 가르치고 있는 사실은 무엇이라고 생각하는가?

(라) 26~27절에서 특별히 세 가지 '듣는 것을 실행함'과 연관해서 우리의 '경건'에 관해 두 가지를 말하고 있는데, 그것들을 지적하여 보라.

잠깐!

개역성경에서 1장 26절과 27절에 걸쳐 세 번씩 반복되고 있는 '경건'이라는 단어는 '예배 또는 종교'라는 의미를 지닌 헬라어 단어를 근거로 하고 있다. 영어 성경에서 'religion'(종교)과 'religious'(종교성)라는 단어로 해석하고 있는 이유가 여기에 있다. 여기서 야고보가 말하고자 하는 것은 진짜 '종교'인지 아닌지를 시험하는 리트머스지는 바로 그런 가르침에 순종하는지 안 하는지에 달려 있다고 말하고 있는 것이다. 야고보는 '종교'를 단순히 의식 차원이나 가르침을 듣는 차원으로만 국한시키려는 모든 사고에 도전을 주고 있다.

(마) 결국 야고보는 '경건'을 27절에서 무엇이라고 표현하고 있는가? 그 표현의 의미는 무엇이라고 생각하는가?

3. 외모로 차별하지 않는 것과 사랑의 법(2:1~13)

(가) 1~4절까지에서 야고보가 제기하는 문제는 무엇인가?

(나) 오늘날에도 동일한 문제가 발견되는가? 그렇다면 사람들이 왜 서로간에 그렇게 행동한다고 생각하는가?

(다) 5~7절에 의하면 그렇게 해서는 안 되는 첫 번째 이유로 무엇을 들고 있는가?

초대 교회의 역사적 배경 연구

야고보의 생각의 흐름과 6절과 7절과의 관계를 이해하기 위해서는 그 당시 역사적 상황을 이해하는 것이 필요하다. 경제적인 측면에서 보았을 때 초대 교인의 대다수 구성원들은 가난한 사람들이었던 것이 확실하다. 이런 현상은 이 세상에서 소유하거나 붙잡고 있을 만한 것이 없을수록 복음에서 제시하고 있는 영적인 약속들이 그들에게 더욱 끌렸을 것이기 때문이라고 말할 수 있다. 실제로 고린도전서 1장 26절("형제들아 너희를 부르심을 보라 육체를 따라 지혜 있는 자가 많지 아니하며 능한 자가 많지 아니하며 문벌 좋은 자가 많지 아니하도다.")을 보아도 고린도 교회 가운데 가난한 자들이 많았다는 걸 짐작할 수 있고, 또 사도 바울의 사역에서 예루살렘 교회의 가난한 교인들을 위한 헌금 모금이 중요한 부분을 차지하고 있음을 그의 서신에서 자주 보게 된다(예: 롬 15:26, "이는 마게도냐와 아가야 사람들이 예루살렘 성도 중 가난한 자들을 위하여 기쁘게 얼마를 동정하였음이라." 등).

야고보가 경제적인 문제를 다루는 이유도 동일한 맥락 속에서 이해할 수 있다. 그리 넉넉지 않은 사람들이 주 구성원이 되어 있는 교회라는 상황을 염두에 두고 위의 구절들을 이해해야 하는 것이다. 이렇게 가난한 성도들이 주류를 이루던 교회는 두 가지 어려움을 겪고 있었다. 첫째, 그 당시 사회에서 흔히 일어나고 있던 소수의 지주와 같은 부자들이 가난한 소작인들을 향해 가한 횡포를 생각해 볼 수 있다. 둘째, 7절을 보면 그런 경제적 어려움과 함께 종교적인 핍박도 경험하고 있었다는 것을 알 수 있다. 그들은 '그 아름다운 이름'인 그리스도(Christ)를 담고 있는 '그리스도인/크리스천'(Christian, 문자적으로 하면 '그리스도에게 속한 자들')이라고 조롱을 당하고 있었다.

이런 상황을 염두에 두고 야고보는 경제적인 가치에 근거해 사람을 차별한다는 것이 얼마나 아이러니컬하며 불합리한가를 지적하고 있다. 교회 밖의 세상에서 경제적으로나 종교적으로 어려움을 안겨 주는 이들이 부자들인데, 그 부자들이 하는 모습을 교회 안에서 형제들을 향해 그대로 '답습함'으로써 그런 부자들의 행위에 오히려 존경을 표하는 결과를 초래하고 있다는 것이다. 이러한 자세는 1장 27절의 말씀을 생각하여 볼 때 도무지 용납할 수 없는 행위임을 야고보는 분명히 하고 있다.

(라) 8~13절에 근거하면 그런 행위를 해서는 안 되는 둘째 이유로 무엇을 들고 있는가?

(마) '차별'(partiality)이라는 단어는 문자적으로 '얼굴을 받다'(to receive the face)라는 단어로 구성되어 있어 사람의 신체 외모나 사회적 신분, 인종과 같은 외부적 요소에 근거하여 사람을 판단하거나 대한다는 의미를 지닌 헬라어 단어를 문자적으로 번역한 것이다. 오늘날의 사회나 교회 안에서는 어떠한가? 현재 상황을 솔직히 평가해 보라.

4. '구원'하는 믿음(2:14~26)

난해 구절(2:14~26에서의 믿음과 행함과 칭의의 관계)

야고보와 사도 바울의 정면 충돌?

사도 바울은 분명히 자신의 서신을 통해 사람이 어떻게 하나님으로부터 '의롭다' 칭함을 받는지에 대한 그의 입장을 밝히고 있다. 예를 들어 로마서 3장 28절에서는 "그러므로 사람이 의롭다 하심을 얻는 것은 율법의 행위에 있지 않고 믿음으로 되는 줄 우리가 인정하노라."라고 말함으로써 '의롭다 하심'(칭의〔justification〕)의 기초는 믿음이며 그것으로 '충분하다'고 주장하고 있다. 이러한 믿음에 의한 칭의의 실례로 4장에서 아브라함을 들고 있다. 아브라함이 할례를 받기(창 17장) 이전에 아브라함은 이미 하나님으로부터 의롭다 칭함을 받았다는(창 15:6, "아브람이 여호와를 믿으니 여호와께서 이를 그의 의로 여기시고") 주장이다.

이런 사도 바울의 이신칭의(以信稱義) 주장에 대해 야고보는 마치 정면으로 도전하는 듯한 주장을 펴고 있다. 2장 24절에서는 "이로 보건대 사람이 행함으로 의롭다 하심을 받고 믿음으로만 아니니라."고 말함으로써 사도 바울의 믿음 충분 주장에 '행함'이라는 요소를 더하고 있는 것처럼 보인다. 더욱 흥미로운 것은 사도 바울이 믿음으로만 의롭다 함을 얻는 실례로 등장시킨 아브라함의 예를 들어 '행함'의 요소를 더하고 있다는 것이다. 사도 바울은 아브라함이 할례를 받기 전에 '의롭다'라고 하나님으로부터 인정받았다고 주장하는 반면, 야고보는 아브라함이 의롭다 칭함을 받은 것은 이삭을 희생 제물로 드린 행위 때문이며, 그 순종의 결과로 사도 바울이 인용한 구절인 창세기 15장 6절이 온전히 이루어졌다고 주장하고 있다.

이렇듯 겉으로 보기에 대결 국면에 서 있는 듯한 두 주장 때문에 초대 교회는 '율법으로부터 자유한 이방인들을 향한 바울의 사역'과 '율법을 인정하는 유대적 기독교'가 갈등을 빚었을 것이라고 이해되곤 한다. 만약 이런 갈등 구조가 그 당시 정말로 존재했었다면 우리는 매우 곤혹적이며 고민스러운 상황을 맞이할 수밖에 없다. '과연 어느 견해가 맞는가?'라는 질문은 물론 '그러면 우리는 어떻게 구원을 얻을 수 있는가?'라는 궁극적 질문을 다시 해야 할 것이기 때문이다.

그러나 감사하게도 그러한 고민을 할 필요가 없다. 성경 해석의 가장 기본이 되는 '문맥'(context)에 따라 이 말씀들을 본다면 위에서 언급한 것 같은 갈등은 존재하지 않기 때문이다. 오히려 두 저자의 말씀들을 주어진 문맥하에서 살펴보면 상호간에 대치되거나 대립적이기보다는 보완적이라는 걸 쉽게 발견할 수 있다.

첫째, 사도 바울과 야고보는 서로 다른 문제에 직면하고 있었다는 것을 알아야 한다. 갈라디아서(예: 2:16, "사람이 의롭게 되는 것은 율법의 행위에서 난 것이 아니요 오직 예수 그리스도를 믿음으로 말미암는 줄 아는 고로 우리도 그리스도 예수를 믿나니 이는 우리가 율법의 행위에서 아니고 그리스도를 믿음으로서 의롭다 함을 얻으려 함이라 율법의 행위로서는 의롭다 함을 얻을 육체가 없느니라.")나 로마서를 통해 알 수 있는 사도 바울의 공격 대상은 구원을 얻으려면 율법을 지켜야 한다고 주장하던 유대주의적 경향을 가진 자들이었다. 사도 바울은 이렇게 '율법을 지켜 행하는 것'(works of the law)이 구원과 연계되어야 한다고 주장하던 사람들, 즉 '행함을 지나치게 강조하는' 자들을 향해 믿음만이 '칭의'의 유일한 도구라는 사실을 강조하고 있다. 그러나 야고보의 경우는 그와는 정반대 쪽에서 문제에 직면하고 있었다. 구원받은 자들이 지나치게 행함을 무시함으로써 믿음을 그저 올바른 교리를 인정하는 정도로 전락시킨 자들을 향해 말하고 있다. 따라서 이런 자들에게 야고보가 '행함'(works)의 중요성을 강조하는 것은 지극히 당연하다고 말할 수 있다.

둘째, 두 사람 모두 '행함'이라는 동일한 단어를 사용하고 있지만, 서로 다른 문맥하에서 사용하고 있어 의미나 강조점 역시 다르다는 것을 알아야 한다. 사도 바울이 말하고 있는 '사람이 행함에 근거하여 의롭다 함을 얻을 수 없다'고 말하는 것은 회심(conversion)하기 이전의 행함을 말하고 있다. 그러나 야고보가 말하는 행함은 믿음으로 나오는, 그리고 믿음에 의해 나오는 행함, 즉 회심 후의 행함을 말하고 있다. 결국 우리가 이해할 수 있는 것은 예수 그리스도를 향한 믿음을 갖기 전의 행함(바울)과 신앙을 가진 후 믿음의 결과로서의 행함(야고보)이라는 서로 다른 행함을 말하고 있다는 사실이다.

셋째, 위의 두 가지를 함께 생각해 볼 때 당연히 두 저자간의 차이에서 가장 중요한 것은 바울과 야고보가 서로 직면하고 있던 상황도 달랐고, 또한 '행함'의 의미와 강조점도 달랐다는 측면에서 '칭의'의 개념에 대한 강조점도 다를 수 있다는 것이다. 실제로 사도 바울이 말하는 칭의는 죄인이 믿음을 통해 얻게 되는 그리스도와의 연합을 근거로 하나님 앞에서의 의롭다 여김을 받는 것, 즉 죄인에게 새로운 신분을 부여해 주시는 하나님의 역동적인 사역을 말하고 있다. 다시 말하면 죄와 사망의 영역에서 거룩함과 생명의 영역으로 옮겨져 나타나는 그리스도인 생활의 초기 단계에 속한 변화를 일반적으로 사용하는 개념인 '칭의'(justification)라는 용어로 표현해 구원의 시작 단계를 의미하고 있다는 것이다. 그렇기 때문에 '경건치 아니한 자를 의롭다 하시는'(롬 4:5) 하나님의 역사에 '경건치 아니한 자'들이 기여할 수 있는 어떤 '행함'도 끼어들 여지가 없는 것이다.

사도 바울과는 달리 야고보의 경우에는 다른 의미에서 '의롭다 함'이라는 단어를 사용하고 있다. 구약에서, 그리고 신약의 마태복음에서 찾아볼 수 있는 개념으로는 사건의 실제적 사실들을 근거로 해서 내려지는 판결을 묘사하는 데 쓰여진 용어다. 다르게 표현하자면 재판장이 모든 것을 살펴본 후 고발 혹은 고소자가 혐의가 없음, 또는 '의롭다'고 선언하는 것과 관계가 있다는 것이다. 이런 의미에서 의로움의 선언은 종종 마지막 심판과 관련되어 나타난다. 결국 야고보가 말하고자 하는 요점은 마지막 때에 우리의 삶 전체에 대한 궁극적인 마지막 '의로움'의 선언으로 진정한 믿음에 의해 나타난 행함이 고려될 것이라는 사실이다. 이런 면에서 사도 바울이 말하는 '심판하심'이라는 개념과 이 개념을 동일선상에 놓고 이해할 수 있다. 고린도후서 5장 10절에서 바울은 "이는 우리가 다 반드시 그리스도의 심판대 앞에 드러나 각각 선악간에 그 몸으로 행한 것을 따라 받으려 함이라."고 말하고 있는데, 이것이 바로 야고보와 같은 차원에서의 의로움에 대한 선언으로 해석할 수 있는 예이다. 다시 말해 야고보와 사도 바울은 단순히 다른 단어(들)를 통해 같은 개념과 사건을 묘사하고 있다고 말할 수 있다.

결론적으로 야고보가 반대하는 사람들은 열매를 맺지도 못하고 행동도 없는 그리스도인, 흔히 하는 말로 '무늬만' 기독교인들인 사람들을 향해 말하고 있다고 할 수 있다. 아마 야고보가 염두에 두고 말하고 있는 사람들 중에는 사도 바울의 가르침을 잘못 이해하여 야고보서 2장 19절("네가 하나님은 한 분이신 줄을 믿느냐 잘 하는도다 귀신들도 믿고 떠느니라.")에서 말하고 있는 것처럼 믿음을 단순히 입으로만 하는 고백으로 전락시키거나, 2장 15~16절("만일 형제나 자매가 헐벗고 일용할 양식이 없는데 너희 중에 누구든지 그에게 이르되 평안히 가라, 더웁게 하라, 배부르게 하라 하며 그 몸에 쓸 것을 주지 아니하면 무슨 이익이 있으리요.")에서 표현된 것처럼 속이 텅 비어 있고 마음에도 없는 말을 하는 것 정도로 믿음을 생각하는 사람들이 있었을 것이다. 이런 믿음을 야고보는 '죽은 믿음'(2:17, 26), 또는 '헛된 믿음'으로 말하고 있으며, 위에서 지적했듯이 야고보의 그런 평가가 정당화될 수 있는 이유는 마지막 심판 때 그런 죽은 믿음이나 헛된 믿음은 아무 소용이 없기 때문이다. 사도 바울도 이러한 야고보의 평가에 동의했을 것이다. 예를 들어 갈라디어서 5장 6절을 보면 "그리스도 예수 안에서는 할례나 무할례가 효력이 없되 사랑으로써 역사하는 믿음뿐이니라."고 말하고 있는 것을 볼 수 있다. 믿음은 사랑의 행위로 표현되어져야 한다는 것이다. 그렇지 않다면 죽은, 또는 헛된 믿음이 되어 버린다.

이런 죽은 믿음과는 달리 야고보가 바람직하다고 말하는 믿음은 1장 2절("내 형제들아 너희가 여러 가지 시험을 만나거든 온전히 기쁘게 여기라.")과 4절("인내를 온전히 이루라 이는 너희로 온전하고 구비하여 조금도 부족함이 없게 하려 함이라.")에서 말하고 있는 시련으로 연단받은 믿음, 2장 1절("내 형제들아 영광의 주 곧 우리 주 예수 그리스도를 믿는 믿음을 너희가 받았으니 사람을 외모로 취하지 말라.")에서 말하고 있는 흔들리지 않는 하나님과 그리스도를 향한 헌신의 믿음을 말하고 있다. 더 나아가 삶의 모든 영역에서 드리는 기도를 통해 하나님의 은혜를 체험하는(1:5~8; 5:14~18) 모습이 담긴 믿음을 담고 있다고 말할 수 있다.

사도 바울과 야고보의 가르침을 종합해 보면 다음과 같은 결론에 이른다. 믿음을 통하여 그리스도와 연합하는 것이 하나님 시각에서 의롭다 함을 받을 수 있는 칭의(justification)의 유일한 근거인 반면, 이러한 그리스도와의 연합의 결과로 필연적으로 나타나게 되는 행함은 우리를 향한 하나님의 최후의 심판 때 그 행함이 고려된다는 사실이다. 신학적인 용어로 사도 바울과 야고보의 관점의 차이를 지적하자면 사도 바울은 의로움의 전가(imputation)를 논하고 있는 반면, 사도 야고보는 의로움의 선언(declaration)을 논하고 있다고 할 수 있다. 결론적으로 바울과 야고보는 서로가 정면 충돌하고 있는 것이 아니라 서로를 보완하고 있다는 사실을 기억하여야 한다. 그리고 이 두 측면은 항상 동등하게 강조되어야 할 귀중한 요소다. 교회 역사를 돌아보아도 종교개혁 당시와 같이 구원에 대한 잘못된 이해가 팽배되어 있던 상황에서 루터에게는 로마서와 갈라디아서의 말씀들이 더욱 부각되었다는 것은 어떻게 보면 당연하다고 할 수 있다. 그러나 그렇게 개혁되어 새롭게 시작되었던 교회가 다시금 생명력을 잃어버린 상황에서 웨슬리에 의해 야고보서의 말씀이 다시 부각되었다는 것도 기억해야 한다. 믿음으로 의롭게 되었다면 그 칭의의 신분에 걸 맞는 삶을 사는 것(행함)이 요구된다는 사실을 기억해야 한다.

(가) 이 단락에서 사도 야고보는 '믿음'이라는 단어를 매우 독특하게 사용하고 있음을 볼 수 있다. 저자가 염두에 두고 있고 염려하고 있는 '믿음'은 무엇인가?

야고보서와 바울 서신에서 말하는 '행함'이란?

간혹 14절부터 나오는 '행함(works)'이라는 단어를 논할 때 마치 사도 바울과 야고보가 다른 의미로 사용하고 있다는 듯이 주장하는 견해들이 있다. 그러나 앞에서도 분명히 지적한 것처럼 바울과 야고보 모두 유사한 목적으로 같은 단어를 다른 측면에서 강조해 사용하고 있다. 두 사람 모두 의도하고 있는 바의 행함은 '하나님을 섬기거나 순종하는 모든 행위'를 말하고 있다. 그들간의 차이는 오히려 행함과 회심(conversion) 사이의 순서만 다를 뿐이다. 즉, 사도 바울이 주장하는 것은 예수를 믿어 회심하기 전의 그 어떠한 '행위'도 하나님 앞에서 구원을 받을 만큼 '의롭다 여김을 받는 데는' 아무런 효과도 없다는 것을 지적하고 있는 반면, 사도 야고보는 예수를 믿고 회심한 후에는 그에 합당한 '행위'가 절대적으로 필요하다는 사실을 지적하고 있는 점이 다를 뿐이다.

(나) 사도 야고보는 그러한 '믿음'에 꼭 필요한 요소가 무엇이라고 말하고 있는가?

(다) 따라서 사도 야고보가 말하고 있는 '진정한 믿음' (real faith)을 소유하고 있다는 사실은 어떻게 알 수 있는가?

잠깐!

21절을 보면 '우리가 과연 어떻게 의롭게 되는가' 라는 의문이 들 수 있을 것이다. 반복해서 지적한 것처럼 로마서와 갈라디아서에서는 '믿음으로' 의롭게 된다고 말하고 있는 반면, 이곳 야고보서에서는 '행함으로' 라고 말함으로써 정면 충돌하는 것같이 보일 수 있다. 그러나 다시 한번 정리하면, 사도 바울이 말하고 있는 '의롭다 하심을 받음' (justification)은 믿음을 통해 얻어지는 초기 단계적 약속을 의미하고 있는 반면, 사도 야고보는 그 개인의 의로움에 대한 궁극적 선언을 의미하고 있다. 이것을 웨슬리(Wesley)는 '초기 칭의(initial justification)' 와 '마지막 칭의(final justification)' 라고 불렀다. 결국 야고보의 '의롭다 하심(justify)' 이라는 단어의 의미는 바울 서신의 '마지막 심판' 때의 하나님의 판결과 연관하여 이해할 수 있다고 할 수 있다.

(라) 이 단락에서 주장하고 있는 '믿음' 과 '의롭다 하심' 을 받는 것과의 관계는 무엇인가?

(마) 당신은 '진정한 믿음' 의 소유자라고 생각하는가?

Ⅲ. 공동체 속의 분열(3:1~4:12)

구조적 특징

이 큰 단락의 특징을 지적하자면 첫 번째 소 단락(3:1~12)과 마지막 단락(4:11~12)에서 혀와 연결된 경고를 하고 있다는 것이다. 특별히 오늘날의 교회를 바라보며 공동체 내에서 혀의 무절제한 사용으로 인해 사람들에게 얼마나 커다란 상처를 가져오는가를 생각해 보면 오늘의 이 본문의 중요성이 새삼 부각된다고 할 수 있다. 때로는 기도 제목을 나눈다는 핑계하에 소문을 퍼뜨려 결과적으로는 도리어 다른 사람의 마음에 상처를 입히고, 자신의 '좁고 편협한' 생각이 성경적이라는 오만과 편견으로 남을 판단하고 비판함으로써 갈등과 분쟁을 자초하는 경우를 보면 더욱 혀의 중요성을 강조하는 것이 얼마나 필요한 때인가를 알 수 있다. 특별히 3장 1절의 '너희는 선생된 우리가' 라는 말 속에 나타나 있는 것처럼 교회의 리더들에게 이 혀의 사용에 관한 충고는 특별히 중요한 영역임을 잊지 말아야 한다. 제노(Zeno)라는 사람이 말한 "우리는 두 개의 귀와 한 개의 입을 가지고 있다. 그러므로 우리는 더욱 더 많이 듣고 적게 말하여야 한다."라는 잠언적 충고에 귀를 기울여야 한다.

저자는 동일한 내용으로 시작과 끝이 이루어진 단락, 곧 'inclusio' 라고 불리어지는 이 단락 속에서 공동체 내에서 일어나는 분열과 분쟁에 관하여 다루고 있다. 이 두 문제는 자연스럽게 서로 연결이 되어 있는 것들이다. 순수하지 못하고 파괴적인 비판은 거의 언제나 싸움과 말다툼을 일으키기 때문이다.

그 외에도 공동체를 분열시키는 개인적인 욕심과 이기적이고 교만한 태도에 관해서도 이 단락에서 다루고 있다. 그리고 그런 이기적인 모습에 대한 해결책으로 하나님 앞에서 자신을 낮추고(4:4~10), '위로부터 난 지혜' (3:17)를 받아들여 겸손과 화평의 열매를 맺는 것이라고 제시하고 있다. 그 같은 온전한 '변화' 를 통해서만이 이기적이며 무절제한 혀의 사용을 피할 수 있고, 분열된 공동체가 치료되기 시작할 수 있다고 말하고 있다.

1. 무절제한 혀가 불러일으키는 해로운 결과들(3:1~12)

(가) '혀의 위험성'을 가르치기 위해 첫 번째 대상으로 1절에서 '선생'(teachers)을 말하고 있는 이유는 무엇이라고 생각하는가?

(나) 선생, 즉 가르치는 자들, 또는 지도자들이 "더 큰 심판 받을 줄을 알고 많이 선생이 되지 말라."고 말하고 있는 사도 야고보의 의도는 어디에 있다고 생각하는가? 달리 말하면 단순히 그렇게 선생이나 리더가 되고자 하는 뜻을 가진 사람들에게 포기하라고 하는 의도인가, 아니면 그러한 지도자들의 자리의 중요성으로 인해 신중한 결성을 하라고 말하는 것인가?

혀의 능력 (Power of words)

말의 중요성에 관한 잠언의 가르침 중에서 다음의 말씀들을 생각하여 보자. 이 구절들은 입을 통해 나오는 말이 '지혜와 의'를 이루거나 아니면 그와 반대되는 개념인 '미련과 악, 또는 패망'을 이룬다고 가르치고 있다.

잠 10:8; "마음이 지혜로운 자는 명령을 받거니와 입이 미련한 자는 패망하리라"

잠 10:11; "의인의 입은 생명의 샘이라도 악인의 입은 독을 머금었느니라"

잠 16:27~28; "불량한 자(scoundrel)는 악을 꾀하나니 그 입술에는 맹렬한 불 같은 것이 있느니라 패려한 자(a perverse man)는 다툼을 일으키고 말장이는 친한 벗을 이간하느니라"

잠 18:7~8; "미련한 자의 입은 그의 멸망이 되고 그 입술은 그의 영혼의 그물이 되느니라 남의 말하기를 좋아하는 자의 말은 별식과 같아서 뱃속 깊은 데로 내려가느니라"

(다) 3절에서부터 5절 전반부의 두 개의 비유에서 보면 '혀의 능력'이 어떻게 묘사되어 있는가?

(라) 5절 후반부에서부터 6절까지 '혀의 능력'이 어떻게 묘사되어 있는가?

'혀가 불의의 세계'(6절)

개역성경을 보면 3장 6절에서 '혀는 곧 불이요 불의의 세계라'고 되어 있다. 이 표현에서 혀가 불의의 세계라는 말은 과연 무슨 의미일까? 가장 적절한 해석은 혀가 우리 지체 중에서 불의의 세계를 만드는 것으로써 마치 혀 속에 이 타락한 세상의 죄가 포함되어져 있는 것처럼 표현한 것이라는 해석이다. 그래서 칼빈은 '혀라는 육신의 얇고 가는 조각 안에 온갖 세상 악이 담겨 있다.'라고 지적했다. 예수님도 동일한 선상에서 혀의 위험성을 말씀하고 계신다: "입에 들어가는 것이 사람을 더럽게 하는 것이 아니라 입에서 나오는 그것이 사람을 더럽게 하는 것이니라 … 입에서 나오는 것들은 마음에서 나오나니 이것이야말로 사람을 더럽게 하느니라 마음에서 나오는 것은 악한 생각과 살인과 간음과 음란과 도적질과 거짓 증거와 훼방이니"(마 15:11, 18~19).

실제로 몸의 어떤 부위도 혀처럼 쉽게 거룩한 삶을 난장판으로 바꿀 수 있는 기관은 없다. 마지막 심판과 관련하여 주신 예수님의 경고 메시지는 이러한 말씀과 연결이 될 수 있다: "내가 너희에게 이르노니 사람이 무슨 무익한 말을 하든지 심판날에 이에 대하여 심문을 받으리니 네 말로 의롭다 함을 받고 네 말로 정죄함을 받으리라"(마 12:36~37).

(마) 사도 야고보는 찬송과 저주가 한 입을 통해 나오는 경우를 무엇이라고 평가하고 있는가?

야고보서의 구조적 특징

앞에서 지적하였듯이 야고보서는 논리적으로 단락을 나눌 수는 있으나, 그 단락간의 연결성은 매우 연약하다고 말할 수 있다. 그러나 여러 중요한 단어들이 연이어 반복하여 나오는 것을 통해 저자의 생각의 흐름을 짐작해 볼 수 있다. 다음에 나오는 단락들간에 공통적으로 존재하는 단어들을 지적하여 보면 다음과 같다.

먼저 '시기'(jealousy)라는 단어가 3장 14절과 16절 그리고 4장 2절에 나오며, 그와 함께 '다툼'(개역성경에서는 '다툼'이라고 해석되어 있지만 '이기적 야망'〔헬라어로 *eritheia*〕이 더욱 적절한 뜻이며, 영어 표현으로는 'selfish ambition'으로 해석될 수 있음)이 3장 14절과 16절에 사용되어져 있다. 또한 같은 맥락에서 공유할 수 있는 개념인 '이기적 욕심'(4:2, 3)과 '교만'(3:14) 등도 사용되어 있다.

그 다음 단락(3:13~18)에서는 크리스천에게 있어서는 안 될 이런 태도들을 '위로부터 난 지혜'와 대조를 통해 묘사하고 있다.

(바) 이 단락을 보면 사도 야고보는 혀의 사용을 신앙 성숙의 측정계로 사용하고 있다. 당신은 혀를 어떻게 사용하고 있는가? 제대로 사용하기 위해 노력해야 하는 부분은 어떤 부분이라고 생각하는가?

2. 참된 지혜는 화평을 가져옴(3:13~18)

(가) 13절에서는 사도 야고보가 마치 2장에서 '믿음을 행함으로 보여야 한다'고 한 것처럼 "지혜의 온유함(헬라어 단어의 의미에는 '겸손함'으로도 해석 가능함. 그래서 NIV에서는 "the humility that comes from wisdom"이라 함)으로 그 행함을 보일지니라."고 말하고 있다. 지혜의 겸손함, 또는 온유함이라는 의미가 지니고 있는 뜻은 무엇이라고 생각하는가?

(나) 14절에서는 지혜가 있다고 자랑하나 그렇지 못한 사람들의 특성들로 무엇을 지적하고 있는가?

(다) 15절에서 말하고 있는 '이러한 지혜'와 대조를 이루는 위로부터 오는 '진정한 지혜'를 비교하며 대조되는 개념을 생각해 보라.

(ㄱ) 지혜의 성격 ⇨

세상적(earthly) vs. ________________

(ㄴ) 지혜의 영역 ⇨

정욕적(unspiritual) vs. ________________

(ㄷ) 지혜의 근원 ⇨

마귀적(demonic) vs. ________________

(라) 16절에서 17절을 통해 대조하고 있는 두 종류의 지혜의 열매들을 비교하여 보라.

'이러한 지혜'	'진정한 지혜'
시기(envy) 다툼(selfish ambition) 요란(disorder) 모든 악한 일(every evil practice)	성결(pure) 화평(peace-loving) 관용(considerate) 양순(submissive) 긍휼이 가득(full of mercy) 선한 열매가 가득(full of good fruit) 편벽이 없음(impartial) 거짓이 없음(sincere)

(마) 18절을 보면 사도 바울이 말하는 성령의 열매(갈 5:22~23)를 연상케 하는 '진정한 지혜'의 열매 중에서 어느 한 가지가 특별히 부각되어져 있음을 발견한다. 그것은 무엇이며 왜 그렇게 하였다고 생각하는가? 당신은 이러한 가르침과 연결하여 스스로를 어떻게 평가할 수 있겠는가?

구조적 특징

위의 단락(3:13~18)이 버려야 할 태도라고 표현한다면, 다음 단락(4:1~3)은 그러한 태도가 낳는 결과라고 말할 수 있다.

3. 정욕은 싸움의 원천이 됨(4:1~3)

(가) 3장 16절에서 말하고 있는 '이러한 지혜'가 만들어 내는 요란과 모든 악한 일을 이 단락에서는 구체적으로 어떻게 설명하고 있는가?

(나) 앞에서 지적했듯이 '이기적 욕심'과 '그 욕심이 만족되어지지 않을 때' 어떤 결과들을 만들어 낸다고 이 단락에서 가르치고 있는가?

(다) 오늘 단락은 오늘날의 교회 속에 존재하는 '분쟁'과 '다툼'에 관하여 무엇을 가르치고 있다고 생각하는가?

(라) 특별히 3절에서는 응답 받지 못하는 기도의 한 이유를 지적해 주고 있다. 그것은 무엇인가?

4. 회개하라(4:4~10)

(가) 앞 단락에서 묘사한 불행한 결과를 초래하게 되는 '이기적 욕심'에 이끌리는 사람들을 향하여 '간음하는 여자들'이라고 부르고 있다. 구약의 이스라엘 백성들과

하나님의 관계에서 사용된(예: 사 54:1~6, 렘 3:20) 이러한 표현을 앞서 분명히 밝힌 가르침과 연결하여 생각해 보면 어떤 의미를 지니고 있는가?

잠깐!

5절 말씀을 놓고 다양한 해석이 존재하는데, '시기하다'라는 동사의 주체와 대상이 누구인가에 따라 다음과 같이 크게 세 종류로 정리할 수 있다. 첫째, 성경의 '하나님이 우리 속에 거하게 하신 성령이 시기하기까지 사모한다 하신 말씀을 헛된 줄로 생각하느뇨.'라는 해석으로 우리 속에 있는 '성령'이 우리를 '시기하기까지 사모한다'는 것이다. 둘째는 NIV와 같이 "Or do you think Scripture says without reason that the spirit he caused to live in us envies intensely?"(그(하나님)가 우리 속에 거하게 하신 영이 강하게 시기한다는 말씀이 이유 없는 것으로 생각하느뇨?)라고 해석함으로 시기하고 질투하는 것이 인간의 당연한 경향이라고 말을 하고 있는 것이다. 마지막으로 RSV 등은 "Or do you suppose it is in vain that the scripture says, "He yearns jealously over the spirit which he has made to dwell in us?"(그(하나님)가 우리 속에 거하게 하신 영혼을 시기할 정도로 사모한다는 말씀을 헛된 줄로 생각하느뇨?)라고 해석함으로 '시기하도록 사모하는' 주체는 하나님이시며, 대상은 우리 속의 영혼이라고 할 수 있다.

이러한 다양한 해석이 존재하는 것은 그만큼 이 구절이 애매하기 때문이다. 위의 세 가지 선택 중에 어느 하나가 확실히 맞다고 말할 만한 근거는 불충분하지만, 그래도 가장 적절한 것 하나를 선택하라면 저자는 마지막의 것이라고 말하고 싶다. 그 이유는 무엇보다 먼저 이 구절 바로 앞 4절에 나오듯이 '하나님이 그 백성들의 남편되심'이라는 각도에서 이 구절을 이해해야 한다고 생각하기 때문이다. 그리고 위에서 the spirit이 우리의 영혼(창 2:7의 '생기/영')인가, 아니면 개역한글판에서 선택하였듯이 '성령'(the Spirit)인지는 분명하지 않다. 그러나 어느 것이 옳든 간에 하나님께서 우리의 삶 속에서 역사하심으로 우리를 주장하고 계신다는 메시지는 동일하다.

스가랴 8장 2절("만군의 여호와가 말하노라 내가 시온을 위하여 크게 질투하며 그를 위하여 크게 분노함으로 질투하노라.")처럼 하나님은 남편으로서 그의 백성들을 향해 질투하시는 분임을 기억하여야 한다. 그렇기 때문에 그 분에게 속한 백성들에게 기대되는 것은 온전하며, 흔들리지 않고, 두 마음을 품지 않는 믿음과 신뢰의 태도이다.

(나) 5절과 6절 전반부를 통해 하나님은 어떤 분이심을 알 수 있는가?

(다) 그러한 하나님을 향해 우리가 가져야 할 태도를 6절과 10절에는 반복해서 무엇이라고 말하고 있는가? 어떻게 하는 것이 그러한 태도를 갖는 것이라고 생각하는가?

(라) 7절에 등장하는 '마귀'(Devil)는 헬라어에서 파생한 단어이며, 히브리어의 사단(Satan)에 근거하고 있다. 두 단어 모두 같은 의미를 가지고 있으며, 사단의 최우선 목표는 인간과 하나님을 떼어놓거나 인간이 하나님을 멀리하게 하는 데 있다. 그러한 각도에서 사도 야고보는 우리가 어떤 방법을 통해 그런 마귀의 계략을 이길 것을 권면하고 있는가?

5. '비방'하는 것을 금하라(4:11~12)

(가) '비방'(slander), 또는 '판단'(judge)한다는 것은 '모든 비판을 다 금한다'는 의미인가? 아니라면 무엇을 의미하고 있다고 생각하는가?

(나) 11절에서 형제에게 그렇게 행하는 자가 '율법'에게 동일하게 행하는 것이라는 의미는 무엇이라고 생각하는가? 믿음은 행함으로 나타날 때만이 진정한 믿음이라고 주장하는 각도에서 이 문제를 접근하여 보라. 즉, 만약 율법이 요구하고 있음에도 불구하고(레 19:16, "너는 네 백성 중으로 돌아다니며 사람을 논단하지 말며〔You shall now go up and down as a slanderer among your people〕 네 이웃을 대적하여 죽을 시경에 이르게 하지 말라 나는 여호와니라." 등) 그것을 행치 않는다면, 그런 태도는 결과적으로 무엇을 의미하겠는가?

Ⅳ. 기독교적 세계관: 인생과 종말(4:13~5:11)

이 단락의 구조적 특징

이 부분은 위의 제목에 이미 반영되어 있듯 기독교인들이 지금 살고 있는 시대를 어떻게 이해해야 하며, 또한 어떻게 살아가야 하는지 가르쳐 주고 있다. 크게 대별해 보면 각 단락의 주제는 올바른 인생관(4:13~17), 부를 오용할 때 다가오는 심판(5:1~6), 종말을 향한 인내심(5:7~11) 등이다.

1. 인생관: 교만함을 버리라(4:13~17)

(가) 14절에서는 인간의 삶을 무엇에 비유하고 있는가? 그런 비유는 인생의 어떤 면을 부각하고 있는가?

(나) 이 단락에서 야고보가 비판하고 있는 잘못된 인생관은 무엇이라고 생각하는가?

(다) 잠언 27장 1절("너는 내일 일을 자랑하지 말라 하루 동안에 무슨 일이 날는지 네가 알 수 없음이니라.")과 누가복음 12장 16~20절의 '어리석은 부자'의 비유를 보며 우리가 가져야 할 올바른 인생관은 무엇이라고 생각하는가?

잠깐!

성경을 보면 죄를 크게 두 종류로 분류하고 있다. 일반적으로 가장 잘 알려진 것은 '행해서 짓는 죄'(sins of commission)로 해서는 안 되는 행위를 하였을 때의 죄를 말하고 있다. 그와 함께 '행하지 않아서 짓는 죄'(sins of omission)도 있다는 것을 17절에서 분명히 말하고 있다. 이곳에서 야고보는 올바른 인생관에 대해 논한 후, 그런 옳은 것들을 듣고도 행치 않으면 그것은 죄가 된다고 분명히 말하고 있다. 그러나 이러한 '행하지 않아서 짓는 죄'에 대한 가르침은 여기에만 국한시키기보다는 일반적으로 확대해서 모든 영역에 적용 가능한 말씀이라고 할 수 있다.

유사한 가르침을 마태복음 25장 31~46절에서 발견할 수 있다. 그곳에 기록되어 있는 '양과 염소의 비유' 속에서도 분명히 나와 있듯 우리가 해야 하는 것을 간과해 버리는 일은 하지 말아야 할 것을 행해서 짓는 죄와 동일한 죄라는 것을 기억하여야 한다.

(라) 우리 삶의 영역 속에서 우리가 쉽게 범하기 쉬운 '행치 않아서 짓는 죄'를 찾아보라.

2. 재물관: 부를 잘못 사용하는 자들은 두려워하라(5:1~6)

구조적 특징

5장 1~6절의 단락은 '들으라'(Now listen)고 함으로써 4장 13절과 동일하게 시작하는 것을 볼 수 있다. 단순히 외형상의 유사성뿐 아니라 내용에서도 어느 정도 같은 맥락에서 이해할 수 있다. 앞 단락이 인생의 계획에 관하여 '하나님'을 염두에 두지 않는 것이 문제였다면, 이 단락에서는 부(wealth)를 추구하는 데 있어서 '하나님'을 염두에 두지 않을 때 어떤 결과를 얻게 되는지 가르쳐 주고 있다.

역사적 배경

이 단락을 이해하기 위해서는 그 당시 저자가 잘 알고 있던 팔레스타인 지역의 상황을 살펴보는 것이 필요하다. 그 지역은 농경 지역으로 소수의 지주들이 소작인들에게 자신들의 땅을 빌려 주는 형태의 농업이 성행하였다. 이러한 상황하에서 대부분의 지주들의 관심은 자신이 빌려준 땅에서 얼마나 더 이익을 얻을 것인가에 신경을 쓰고 있었다. 그러한 상황을 이해할 때만이 왜 사도 야고보가 5장 1절에서 부자들을 향하여 심판과 정죄의 표현을 사용하고 있는지를 알 수 있다.

그러나 여기에서 한 가지 의문이 드는데, 그것은 왜 교회를 향한 서신 속에 비기독교인들을 향한 메시지가 있는가 하는 것이다. 이것에 대해서는 이 서신의 수신자들 가운데 이미 존재하고 있던 문제점을 염두에 두고 하는 경고로 볼 수 있다. 즉, 이미 2장에서 본 것처럼 교회 안에서 경제적으로 가난한 자들을 차별함으로써 부유한 자들을 동경하는 모습들이 있다는 사실 때문에 이 부분을 추가했다는 것이다.

이런 상황 속에서 야고보는 그들이 소유하고 있는 부 자체에 대한 부러움을 내버릴 것과 세상의 부유한 자들 가운데 잘못된 재물관을 가지고 있는 자들이 받게 될 정죄와 그들에게 닥칠 심판을 말함으로 올바른 재물관을 갖기를 간접적으로 권고하고 있다.

(가) 2~3절에 의하면 부자들을 향한 정죄와 심판의 이유는 무엇인가?

(나) 4절과 5절에서 발견하는 잘못된 재물관을 가진 자들의 근본적 문제는 무엇인가?

(다) 어떤 인생관과 재물관이 6절과 같은 행위를 정당화할 수 있게 만든다고 생각하는가?

(라) 결국 그들이 두려워해야 할 그 날과 그 날에 일어날 사건을 무엇이라고 가르치고 있는가?

3. 종말관: 길이 참으라(5:7~11)

(가) 이 단락에서 반복하여 나오는 '단어/개념' 은 무엇인가?

(나) 8절에서 말하고 있는 '마음을 굳게 하라' 는 표현은 무엇을 의미하고 있다고 생각하는가?

(다) 구약의 한 예를 통해 보여 주시는 하나님의 궁극적인 마음은 무엇이라고 말하고 있는가?

잠깐!

적지 않은 수의 신학자들이 8절에서 나오는 '주의 강림이 가까우니' 등의 표현을 보며 사도 야고보는 재림의 임박성에 대한 잘못된 개념을 가지고 있다고 결론을 내리곤 한다. 만약에 사도 야고보가 이 점에서 잘못되었다면 예수님과 초대 교회의 모든 교인들도 동일한 범주에 집어넣을 수밖에 없는 결과를 낳는다. 더 나아가 이렇게 역사에 대한 잘못된 견해를 가지고 있는 상황 속에서 '서신의 다른 곳을 어떻게 신뢰할 수 있겠는가?'라는 질문 또한 가능해질 것이다. 이런 문제점은 우리가 재림의 임박성에 관한 가르침을 어떻게 이해하는가가 얼마나 중요한지를 보여 주고 있다.

위와 같은 결론은 사도 야고보가 시간적으로 머지 않아 예수 그리스도의 재림이 '일어날 것이며, 또한 일어나야만 한다.'고 믿었다는 가정에 근거하고 있다. 그러나 그러한 가정이 올바른 것이라고 할 수 없다. 초대 교인들은 재림이 가깝고 임박했다는 생각을 가지고 살았던 것은 분명하다. 그러나 그러한 생각과 표현 속에는 '조만간 일어날 수 있다'(possibility)는 믿음이 있지 '일어나야만 한다, 또는 일어날 것이다'(certainty)라는 믿음은 아니었음을 알아야 한다. 예수님께서 마가복음 13장 32절("그러나 그 날과 그 때는 아무도 모르나니 하늘에 있는 천사들도 아들도 모르고 아버지만 아시느니라.")에서 말씀하셨듯이 정확한 날짜에 대하여는 누구도 모르고 있는 것이다.

우리도 동일한 상황하에 살고 있다. 우리의 시대에서도 그 분이 재림할 가능성은 얼마든지 있다는 것을 염두에 두고 '마라타나'(주여 속히 오시옵소서)라는 고백을 하며 하루하루를 올바로 살아가는 것이 필요하다. 왜냐하면 재림하시는 주님은 크리스천을 포함한 모든 이들을 심판하시는 주님이시기 때문이다.

(라) 이 단락에서 발견하는 '주의 강림이 가까우니'(8절)와 '심판자가 문 밖에 서 계시니라'(9절)등의 표현을 약 2000년이 가까이 지난 지금, 어떻게 해석을 해야 된다고 생각하는가?

V. 결론(5:12~20)

1. 맹세하지 말라(5:12)

(가) 예수님께서 말씀하신 마태복음 5장 34~37절("나는 너희에게 이르노니 도무지 맹세하지 말지니 하늘로도 말라 이는 하나님의 보좌임이요 땅으로도 말라 이는 하나님의 발등상임이요 예루살렘으로도 말라 이는 큰 임금의 성임이요 네 머리로도 말라 이는 네가 한 터럭도 희고 검게 할 수 없음이라 오직 너희 말은 옳다 옳다, 아니라 아니라 하라 이에서 지나는 것은 악으로 좇아 나느니라.")의 말씀과 이 구절을 비교하여 보라. 무엇을 향해 경고하고 있는가?

(나) 리더로서 이러한 말씀의 중요성을 어떻게 말할 수 있겠는가? 3장에서 말한 절제된 혀의 사용과 연결하여 생각하여 보라.

2. 기도의 중요성(5:13~18)

(가) 이 단락에 모든 절마다 예외 없이 사용된 단어는 무엇인가 찾아보라.

(나) 이 단락에서 제시하고 있는 기도가 필요한 상황들은 무엇인가?

기름을 바르며 기도하라

병과 연결하여 기름을 바르는 행위를 말하고 있는 구절은 이 본문과 마가복음 6장 13절("많은 귀신을 쫓아내며 많은 병인에게 기름을 발라 고치더라.")에만 국한되어 있다. 그러나 불행하게도 왜 기름을 바르는가에 대한 이유는 어느 곳에서도 발견할 수 없다. 일반적으로 이러한 행위에 관하여 두 가지 목적이 있다고 알려져 있다.

첫째, 실제적인 목적을 들 수 있다. 그 당시 오일이 약으로 많이 사용되었다는 것에 근거하고 있는 것으로 누가복음 10장 34절("가까이 가서 기름과 포도주를 그 상처에 붓고 싸매고 자기 짐승에 태워 주막으로 데리고 가서 돌보아 주고")에서 보듯 강도 당한 자에게 포도주와 함께 상처 부위에 기름을 사용하고 있다는 걸 증거로 든다. 기름 사용을 이런 목적으로 했을 것이라고 주장하는 사람들은 사도 야고보가 영적인 자원인 기도와 함께 자연 자원인 기름을 사용할 것을 권하고 있다고 말하곤 한다. 그러나 이 견해가 안고 있는 한 가지 의문은 '왜 하필 장로들에게 기도하며 이러한 행위를 하라고 말하고 있는가?'라는 것이다. 만약에 의학적인 가치가 있다면 누구나 그러한 치료를 할 수 있을 것이고, 장로들에게는 영적인 치료인 기도를 요청할 수 있다는 것이다.

둘째, 종교적인 목적이 있다고 보는 견해로서 여기에는 지금도 가톨릭에서 행해지고 있는 의식적 중요성을 고려하는 부류들이다. 그러나 가톨릭에서 말하고 있는 것같이 실제로 죽어 가는 사람들에게 남아 있는 죄를 제거하며 죽어 가는 영혼에게 힘을 주기 위한 의식적 목적으로 기름을 바른다는 내용을 이 구절에서 찾아보는 것은 거의 불가능에 가깝다고 할 수 있다.

위의 두 가지 모두 충분한 설득력을 가지고 있다고 볼 수 없다. 오히려 가장 타당한 설명은 단순히 상징적 차원에서 기름을 사용하고 있다고 보는 것이다. 구약에서 기름을 바르는 것은 하나님께서 쓰시기 위해, 또는 하나님의 사역을 위해 사람이나 물건들을 거룩하게 성별하는 상징성을 지니고 있었다(예: 출 40:15, "그 아비에게 기름을 부음같이 그들에게도 부어서 그들로 내게 제사장 직분을 행하게 하라 그들이 기름 부음을 받았은즉 대대로 영영히 제사장이 되리라 하시매"; 민 3:3, "이는 아론의 아들들의 이름이며 그들은 기름을 발리우고 거룩히 구별되어 제사장 직분을 위임받은 제사장들이라").

이러한 각도에서 본다면 장로들이 기도할 때 병든 자에게 기름을 바르는 행위가 상징하고 있는 것은 그가 하나님의 특별한 관심과 보살핌하에 온전히 구별되었다는 것이다. 그 분에게 온전히 구별되어진 존재이기 때문에 그 사람이 행한 기도 속에는 그 분의 뜻대로 해 주실 것까지도 포함되어 있다고 말할 수 있다.

(다) 15절과 16절을 보면 특별히 '효과적인' 기도가 되기 위해 어떤 기도들을 언급하고 있는가?

(라) 만약에 그러한 기도에도 불구하고 병 고침을 얻지 못했을 경우에는 어떤 설명이 가능하겠는가?

참고!

고후 12:7~9; "여러 계시를 받은 것이 지극히 크므로 너무 자고(自高)하지 않게 하시려고 내 육체에 가시 곧 사단의 사자를 주셨으니 이는 나를 쳐서 너무 자고하지 않게 하려 하심이니라 이것이 내게서 떠나기 위하여 내가 세 번 주께 간구하였더니 내게 이르시기를 내 은혜가 네게 족하도다 이는 내 능력이 약한 데서 온전하여짐이라 하신지라 이러므로 도리어 크게 기뻐함으로 나의 여러 약한 것들에 대하여 자랑하리니 이는 그리스도의 능력으로 내게 머물게 하려 함이라."

(마) 요한복음 9장 2~3절("제자들이 물어 가로되 랍비여 이 사람이 소경으로 난 것이 뉘 죄로 인함이오니이까 자기오니이까 그 부모오니이까 예수께서 대답하시되 이 사람이나 그 부모가 죄를 범한 것이 아니라 그에게서 하나님의 하시는 일을 나타내고자 하심이니라.")의 말씀을 이곳의 16절의 말씀과 연결하여 보며 우리가 병으로 고통을 겪는 최소한의 두 가지 이유를 발견할 수 있다. 그 두 가지는 무엇인가?

3. 행하는 것의 중요성(5:19~20)

(가) 야고보서가 서신임에도 불구하고 다른 서신과의 차이를 지적하자면, 결말 부분에 끝맺는 인사가 없다는 것을 들 수 있다. 인사 대신 어떤 권면으로 편지의 끝을 장식하고 있는가?

(나) 야고보의 권면 내용을 신앙 공동체라는 개념과 연결해서 생각해 볼 때 크리스천 각자의 책임과 의무에 관해 어떻게 정리할 수 있겠는가?

"이 땅에 푸르고 푸른 그리스도의 계절이 오게 하자!"

순(筍)출판사는 주님의 지상명령 성취와 한국 교회를 섬기기 위한 C.C.C.(한국대학생선교회)의 문서사역을 감당하고 있습니다.

C.C.C. 리더십 성경연구 시리즈(신약) · 야고보서

하늘로부터 오는 지혜를 구하며 살라

2002년 11월 16일 초판 발행
2004년 6월 20일 초판 2쇄 발행
글쓴이 : 박 성 민
펴낸이 : 전 효 심
펴낸곳 : 순(筍)출판사

주소: 서울시 서대문구 홍제 4동 215번지
서울 중앙우체국 사서함 1042호
전화: 02)722-6931~2, 팩스: 02)722-6933

천리안: cccnews
한국 C.C.C. 인터넷: http://www.kccc.org
등록: Ⓡ 제 1-2464호
등록년월일: 1999.3.15

※잘못 만들어진 책은 바꿔 드립니다. 값 2,000원

ISBN 89-389-0142-4